Yevgeny Yevtushenko · Евгений Евтушенко

WALK ON THE LEDGE

•

ПРОГУЛКА ПО КАРНИЗУ

**A New Book of Poetry
in English and Russian**

Edited by Gracie and Bill Davidson

SP

Seagull Press
Baltimore
2005

Yevgeny Yevtushenko / Евгений Евтушенко
Walk on the Ledge / Прогулка по карнизу

A New Book of Poetry in English and Russian

Edited by Edited by Gracie and Bill Davidson

Cover: photo by Walt Beazley

Published by Seagull Press
516 Academy Ave, Owings Mills, MD 21117-1310, U.S.A.
tel. 410-998-2010, www.chayka.com, mail@chayka.com

Printed in the USA

Library of Congress Catalog Card Number: 2005924968
ISBN 0-9765268-3-2

"To me Yevtushenko is a poet in the great tradition of Russian letters. He was the first and still is the most outspoken against Stalin and the dangers of a revival of Stalinism."
Harrison Salisbury

"...Yevtushenko is clearly a figure of important international stature, who has much to contribute to the life and letters in this country and to the broader world of relations between America and Russia. It is rare for someone who is so talented and famous at an early age to sustain his career..."
James H. Billington,
Librarian of Congress

"...the most celebrated voice of the 'thaw'..."
Serge Schmeman
New York Times

"Aside from being one of Russia's and the world's most renowned poets he is a lecturer and teacher of remarkable gifts"
William Styron

"In my mind he is one of the true heroes of the entire Soviet period"
Norman Mailer

"For many years he has been on the cutting edge of the intellectual battles raging around the problems of our country and entire planet."
Mikhail Gorbachev

"Yevtushenko has been one of Russia's most adventurous writers for more than thirty years. His work has played an important part in Russia's historic struggle to open herself up to the modern world."
Arthur Miller

3

Yevgeny Yevtushenko

Yevgeny Yevtushenko is an internationally acclaimed poet, novelist and filmmaker. He was born in 1933 in Zima Junction, Siberia. His ancestors had been sent into exile after the peasant's riot at the end of the 19th century. In 1949, he published his first poem in *Soviet Sport* and his first book was published in 1952. As Yevtushenko once observed, Stalin's death "released the instinct of truth." He was a pioneer of the readings on the Russian squares and at stadiums, giving voice to a generation that sought release from years of repression. His early work won praise from Boris Pasternak, Carl Sandburg, and Robert Frost. In Russia, he became nationally famous as a poet of love at 22 years old. But very soon, before the appearance of Solzhenitsyn, Sakharov and other dissidents on the Russian political stage, his poetry became the first lonely voice against Stalinism. At the same time he found himself in the crossfire of Stalinist writers and some haughty snobs irritated by his unprecedented, giant public readings. But, his love for the audience continues even today in the 21st century. He has twice filled up the Kremlin Theater's 6,500 seats, and he has recited poetry in Carnegie Hall. His diverse audience has included Siberian miners, Sachalin Island oil-drillers, cowboys at Elko, and Tulsa, Oklahoma middle-school children. Three American Presidents have quoted his verses in their speeches. Amongst those who loved his poetry were the Kennedy brothers, Shostakovich, Gagarin, Gorbachev, Stravinsky, Bernstaine, and now his readers range from the highest scientists, to sailors and taxi-drivers. Yevtushenko has written that "A poet in Russia is more than a poet," and throughout his life he has tried to justify this sentiment. He has also written: "I am writer for those who don't write."

Yevtushenko's generation was unable to change Russia as they dreamed, but they exhaled the fresh air of the "thaw." During Stalin's regime, the rest of the world was closed for

Soviet citizens. A year before Khrushchev's speech against Stalin Yevtushenko articulated his frustration with this stifling political environment:

> *Frontiers are in my way.*
> *It is embarrassing*
> *For me not to know Buenos Aires and New York.*
> *I want to walk at will through London,*
> *and talk to everyone...*

> ("Prologue," 1955)

Soon Yevtushenko crossed those "frontiers." He has toured 94 countries and his works have been translated into 72 languages. He opened the way to the "stolen world" for the others, and now millions of Russian tourists visit all corners of our planet. In 1960 he became the first Russian to break the Iron Curtain and he began to recite poetry in the West, winning acclaim in Europe, North and South America, and Africa. He was befriended by Pablo Picasso, Max Ernst, Henry Moore, Federico Fellini, T. S. Eliot, William Golding, John Steinbeck, Pablo Neruda, and Gabriel Garcia Marquez. Within the next decade, numerous volumes of his poetry appeared in English and many poets assisted in the translation of his verses, including John Updike, James Dickey, W. S. Merwin and Stanley Kunitz. John Updike has noted that Yevtushenko's poetry used "English combinations like nothing in our poetry since Whitman."

In 1961, Yevtushenko published "Babi Yar," a protest poem against anti-Semitism. Today, that poem is inscribed in the Holocaust Memorial Museum in Washington, D.C. That poem also became the basis for Dimitri Shostakovich's 13th Symphony. A recent recording of this work by the New York Philharmonic features Yevtushenko reciting "Babi Yar" as well as "The Loss."

In addition to being a poet, Yevtushenko is also a filmmaker. He has written and directed two films: *Kindergarten* in 1982, and *Stalin's Funeral* in 1990, with Vanessa Redgrave and Claus Maria Brandauer. He was also a script writer for the Cuban — Russian co-production, *Soy Cuba*, released in 1964.

Yevtushenko's novel, *Don't Die Before You're Dead* (1995) is based on the failed coup of 1991. His first novel, *Wild*

5

Berries (1984), offers "poetic evocations of the Russian peasants and his native Siberian countryside." He also has compiled a 1000 page anthology of Russian poetry published in the USA by Doubleday. In his literary essays, he very often criticized his own works, which is unusual in literary circles, but he is convinced that there is nothing more dangerous for a writer than being a self-admirer.

From 1988 to 1991, Yevtushenko served in the first freely elected Russian parliament, where he fought against censorship and other restrictions. In 1991, during the hard-liners' attempt to overthrow the government, Yevtushenko recited his poetry from the balcony of the Russian White House before two hundred thousand defenders of freedom. In 1994, to symbolize his opposition to the war in Chechnya, he refused President Boris Yeltzin's invitation to receive "The Order of Friendship Between Peoples."

Yevtushenko is an honorary member of the American and European Academies of Arts and Letters. He is the recipient of numerous awards and honors. In 1991 Yevtushenko received the highest honor the American Jewish Committee could bestow — the American Liberties Medallion — "for exceptional advancement of the principles of human liberty." In 2000 the Russian Academy of Sciences named a minor planet after him. He was the first non-American to receive the Walt Whitman Poet in Residence Award, and, in January of 2005, he received the prestigious literary prize, Premio Grinzane Cavour in Italy. In 2001, he was invited to Santiago, Chile, to celebrate the unveiling of a statue to Salvador Allende. In that same year, he was invited back to his hometown of Zima Junction to the dedication of his boyhood home as a historic site and permanent museum.

To watch and listen to Yevtushenko perform his poetry is to witness a man who has made his recitals into a legend. He is, quite simply, an incredibly talented writer and performer and he continues to enrapture audiences unlike almost any contemporary poet. As Stephen Kinzer recently noted in a *New York Times* article:

> For nearly half a century Mr. Yevtushenko has been a piercing voice of conscience, sometimes bitterly angry, other times overflowing with enthusiasm and hope. Many

Americans see him as part Walt Whitman and part Bob Dylan; Russians know him as a wildly popular poet who embodies their country's spirit and has often screamed truths that others feared to whisper. His fame has spread far beyond his homeland, and today he is among the world's most widely admired living writers.

(December 11, 2003)

Mr. Yevtushenko currently divides his time between Russia and the United States. He and his family reside in Tulsa, Oklahoma where he teaches Russian-European Cinema and Russian literature at the University of Tulsa. He loves his students and they love him. As he puts it, "I don't teach literature — I teach conscience through literature." Many years ago he wrote: "I would like to be born in every country." "To be born everywhere" is, of course, impossible. But, to be "reborn everywhere" depends on ourselves.

William C. Davidson
2005

Table of Contents · Содержание

WALK ON THE LEDGE

How did I survive in Stalin's times?
Because, once, I joyfully came out
through the window of the ninth floor,
where I proudly walked on a rusty ledge,
being led by I don't know whom, and
holding in my hand a shot of vodka.

I was walking on the ledge, smiling;
watched from below by panicking old ladies,
some curious nuts, and some envious cats.
I was completely unknown.
I was happily not yet an icon;
and two of my drunken comrades,
jealously getting sober,
were watching from the window
how — surprisingly — I was able
to walk against all the rules.
But only if — ignoring all —
you
    could
        not
          fall.

In that 1950, in the shadow of Stalin's mustache,
we, a generation brainwashed since kindergarten,
were obsessed with climbing roofs,
or climbing somewhere even higher,
but never to the heights of power.

We were playing love in the attics.
We were learning to kiss for one ruble.
We admired demonstrations on Red Square,
observing them from our rooftops;
and this, my ledge, was much higher
than the severe mausoleum where
Stalin, sure that he was unseen in that moment,
behind the mighty shoulders of his bodyguards,
was making "pee-pee" into an enameled bucket,
(and it was perfectly visible from our place)
What a perspective! What grace!

ПРОГУЛКА ПО КАРНИЗУ

Как в годы сталинские я выжил?
А потому что когда-то вышел
в окно девятого этажа.
Карнизом межировского дома
я шел, неведомо кем ведомый
и стопку водки в руке держа.

Я, улыбаясь, шел по карнизу,
и, улыбаясь глядели снизу
старушки, шлюшки, а с крыш — коты,
ибо я был молодой, да ранний
как исполнение их желаний —
на мир поплевывать с высоты.

Я неизвестен был, неиконен,
и Саша Межиров и Луконин
в окно глазели, как беззаконен,
под чьи-то аханья и галдеж,
как будто кто-то меня направил,
я шел спасительно против правил.
Лишь не по правилам — не упадешь.

В году усатом, пятидесятом
в нас, оболваненных еще детсадом,
но изловчившихся не пропасть
возникла мания-влезать на крыши,
или куда-нибудь — еще повыше,
но лишь бы все-таки не во власть.
И от Солянки и до Лубянки
такие были тогда влюблянки!
Любить! — не пьянствовать ради пьянки
мы пробирались в чердак хитро.
Карниз проржавленный был веселее
и выше ленинского мавзолея,
где писал Сталин, от скуки злея,
в эмалированное ведро.

From this ledge it was so close
to the roofs of Rome and Paris;
and after some years we broke through the Iron Curtain.
We, the children of Iron Ledges!

In that strange communism of the military barracks
we walked, fearlessly smiling.
But, what if today, selling conscience for comfort,
we fall into military capitalism?
What if we become mired in the sleazy farce?
I'll break my window — even through bars —
I'll jump out from my own portrait,
breaking the frame and glass into smithereens!
And, even to death not trusting any "isms,"
I, again young and forever free,
risking life, smiling and strong,
will walk on the ledge—
otherwise I am not a poet.

December 12, 2004
Translated by author with Deborah Taggart

С карниза этого было ближе
до крыш и Рима, и крыш Парижа,
куда мы все-таки прорвались.
Мы по казарменному коммунизму
шли, улыбаясь, как по карнизу, —
так неужели, чтобы кормиться
придем в казарменный капитализм?

И если влипнем в фарс или драму,
я разломаю стекло и раму
и лихо выпрыгну сквозь свой портрет, —
так что осколки со звоном брызнут
и — к никакому на свете «изму» —
а просто так пойду по карнизу —
ну а иначе я не поэт!

12 декабря 2004 г.

MY FIRST WOMAN

In the bitter paradise for widows —
in a Siberian village after the War
we, teenagers, danced with peasant women
smelling of fresh hay with wild berries.

And one of them, a green gooseberry-eyed beekeeper
whispered, smelling of honey, horses and pines:
"Where is your courage, my boy? Be bold..
Put your hand under my blouse.. Is it hot?
There is my personal stove."

A shabby bear was shaking his chain in the courtyard.
The old creaking cabin unwillingly gave me pass.
The woman said: "Compared to you I am very old.
How old are you? Are you sixteen yet?"

Feverishly gasping for air,
I carelessly blew out of my lips like a fluff:
"It was long ago... In January..."
and, listening to my sweet lies,
the moonshine sparkling honey drink
was laughing with golden bubbles on the rustic table
in the tarpaulin bucket for horses...

My teeth were joyfully dancing
on the sharp edge of the iron dipper,
filled with icy, cold water
while I was waiting for you
on a sheepskin over a cheap wooden cot.

You said to me: "Turn your head",
but of course I only pretended to.
I lost my breath, flying into friendly heavens,
stuffed with trumpeting, plumpy cheeked cherubs.

ПЕРВАЯ ЖЕНЩИНА

Любиночки — что за словечко...
На посиделках у крылечка
шепнула ты: «Смелее будь.
Зайди под кофту. Там, как печка».
и пригласила руку в грудь.

Медведь тряс цепью во дворе.
Изба встречала, скрипнув глухо.
«Я, коль сравнить с тобой, старуха.
Шестнадцать есть?» Набравшись духа,
я сдунул с губ небрежней пуха:
«Давно уж было... В январе...»
и золотилась медовуха,
шипя в брезентовом ведре.

Как танцевали мои зубы
по краю острого ковша,
когда поверх овчинной шубы
я ждал тебя, любить спеша.

И ты сказала «Отвернись».
а я совсем не отвернулся
и от восторга задохнулся,
взмывая в ангельскую высь.

Ты пригрозила, вскинув ступку:
«Бесстыжий... Зыркать не моги!»,
и, сделав мне в душе зарубку,
легко переступила юбку,
и трусики, и сапоги,
став нежным ангелом тайги.

Давно вдова, а не девчонка,
белым-бела, лицом смугла,
меня раздела, как ребенка,
рукой голодной помогла.

You tried to frighten me, waiving a heavy rolling pin:
"Shut your shameless eyes!" and you jumped to me,
as a tender angel of the Siberian wild forest,
over your abandoned khaki skirt,
                    mourning black bra,
                              soldier's boots,
You undressed me with hands, starving for love,
and I was embarrassed and blushed,
but you helped me not to lose face
and I entered in you like in eternity.

You forgot how to embrace a man.
Your husband was killed five years ago.
Embracing me, you closed your eyes,
perhaps, trying to imagine him.

Your brow was etched with stings from bees.
When you finally understood that I am only fifteen,
you fell to your knees before a faded icon of Christ
and burst into tears "There is no forgiveness for me."

Christ forgave you, of course,
because you, almost loving me,
with a piece of rough chipped glass in your tarnished ring,
scratched yourself into my skin forever.

With all the sincerity of your lonely body,
with all the pain inside your long untouched breast
to death you wanted to believe that
I would always love you in all of my women...

Translated by author with Jeffrey Longacre

На пасеке в алтайской чаще
смущался я того, что гол,
но я в тебя, дрожа от счастья,
как во вселенную вошел.

И стал впервые я мужчиной
на шубе возчицкой, овчинной.

Тебе с отвычки было больно —
пять лет назад был муж убит.
Закрыла ты глаза невольно,
его представив, может быть.

Был пчелами твой лоб искусан.
Узнав, что мне пятнадцать лет
упала ты перед Исусом
рыдая «Мне прощенья нет...»

И он простил тебя, конечно,
за то, что ты, почти любя,
стекляшкой бедного колечка
в меня вцарапала себя.

И всею истовостью тела,
грудей нетроганно тугих
ты наперед тогда хотела —
чтоб я любил тебя в других.

17-25 января 2005 г.

EYELASHES

To Sergey Nikitin

In a provincial outfit, uncoordinated and shy,
I was not a pretty boy at all.
But I was the one with the longest eyelashes
in a crowd of petty thieves.

The picturesque shadow of my eyelashes
as I carried them nonchalantly,
was overshadowed by my Pinnochio nose,
curious and full of snot.

"Why do the girls stick to you like chewing gum?,"
these crooks asked me out of envy.
Teasing, I toyed with them:
"It's all because of my eyelashes..."

Despite the rumors that I am spoiled,
I pretend to be spoiled, being lonely.
I just swallowed hard, looking
at all the Doric columns of the girls' legs.

I was a strange breed of swan and ugly duckling.
My heart was pounding within me,
when once I heard from the darkness:
"You, son of bitch, with girlish eyelashes..."

They roared in jealousy like wild beasts:
"Fess up, pretty boy, don't rush."
They passed a cigarette lighter across my face,
devouring my eyelashes.

Glory came to me with that hellish heat.
There was a giant chorus of hissing lighters.
My eyelashes turned into ashes.
They haven't grown since.

РЕСНИЦЫ

Сереже Никитину

В одежде незагармоничной
и не красавец никакой
я самый был длинноресничный
в ораве полуворовской.

И тень ресниц моих картинно,
когда я их небрежно нес,
чуть затеняла буратинный
сопливо-любопытный нос.

«С чего к тебе девчонки липнут?» —
жлобы от зависти тряслись.
Я их дразнил, играя в лихость:
«А, — это все из-за ресниц...»

Но несмотря на эти слухи
ко мне никто не лип — увы! —
лишь сладко сглатывал я слюнки
от всех высотных ног Москвы.

О, комплекс лебедеутенка!
Как сердце екало во мне,
Когда набросились в потемках:
«У, сука, — е-кэ-лэ-мэ-нэ...»

И в ревности позорно жалкой:
«Красавчик, слишком не резвись!»
они водили зажигалкой
вдоль осыпавшихся ресниц.

Была мне слава адским пеклом,
Где зажигалок целый хор.
Мои ресницы стали пеплом.
Не отросли они с тех пор.

But there is something about me,
that irritates all crooks..
They don't see but they feel on my face
an invisible shadow of my eyelashes.

"Why are they cursing you?"
sighs my mother — "Don't be such a tease!"
I answer my Mom with a sad shadow of a smile:
"Oh, it's all because of my eyelashes!"

Translated by Thomas Bird with the author

Но что-то есть во мне такое,
что раздражает неспроста
все жлобье, полуворовское,
как тень ресниц, как сень креста.

«С чего тебя ругают вечно? —
вздыхает мама — Не дразнись!»
Я улыбнусь ей и отвечу:
«А — это все из-за ресниц!»

MEN DON'T GIVE THEMSELVES TO WOMEN

Men don't give themselves to women.
They convulsively drink them like vodka.
And sometimes, becoming trashed,
they beat them like their worst enemies.

Are men scared that male tenderness is a weakness?
Is it slavery to give oneself to a woman?
We, playing at giants, grab and grope
the female soul like their breasts.

Who am I? A worn — out sinner.
But sometimes I feel like a sister to women
and I love so much just to cuddle them,
caressing them as they sleep, as they wake.

For all my sins I repent with my tenderness.
All women are forgiven for their sins with me
while my fingers, timidly stumbling,
are wandering on their birthmarks and freckles.

Women will raise me from the dead.
They will not betray anyone in the world,
looking fearlessly into my eyes
asking a miracle of me.

I was saved by women in my darkest days.
I was privileged during their troubles
to listen like their secret girlfriend
to their stories of male cruelty.

Man wasn't created to kill any woman or man,
with a knife, with a word, or a thought.
Like a woman hidden inside of the man,
I give myself to my woman.

December 2004

МУЖЧИНЫ ЖЕНЩИНАМ НЕ ОТДАЮТСЯ

Мужчины женщинам не отдаются,
а их, как водку, судорожно пьют,
и если, прости Господи, упьются,
то под руку горячую их бьют.

Мужская нежность выглядит, как слабость?
Отдаться — как по рабски шею гнуть?
Играя в силу, любят хапать, лапать,
грабастать даже душу, словно грудь.

Успел и я за жизнь поистаскаться,
но я, наверно, женщинам сестра,
и так люблю к ним просто приласкаться,
и гладить их во сне или со сна.

Во всех грехах я ласковостью каюсь,
а женщинам грехи со мной сойдут,
и мои пальцы, нежно спотыкаясь,
по позвонкам и родинкам бредут.

Поднимут меня женщины из мертвых,
на свете никому не изменя,
когда в лицо мое бесстрашно смотрят,
и просят чуда жизни из меня.

Спасен я ими, когда было туго,
и бережно привык не без причин
выслушивать, как тайная подруга,
их горькие обиды на мужчин.

Мужчин, чтобы других мужчин мочили
не сотворили ни Господь, ни Русь.
Как женщина, сокрытая в мужчине,
я женщине любимой отдаюсь.

25 декабря 2004
Переделкино

OLD PHOTOGRAPH
N. T.

Ages ago, in Moscow's wooden old house
you, always silent,
harriedly happy were running in,
but very soon running out, harriedly unhappy.

It happened under the rains, under the snowfalls;
it was your feverish bolt to the unknown.
Always it began with a risky get-away
and finished with you flying the coop.

Your lips kissed mine but uttered no words.
You gave me your body, but kept your soul.
You squeezed me to the point of pain,
but your eyes avoided mine.

I knew nothing of your other life.
Day-time lover, I knew nothing of your nights.
Your nails were trying to pierce the wallpaper,
scratching the meaning of your silence.

Afterwards you dived into our quagmire, —
the guts of the bus or the womb of a train-station.
Left alone I struggled with the tips of my fingers
to understand your Braille on that wall.

After your escape, in my room remained for a long time
the scent of your freshly broken wild lilacs.
But once, your scent completely vanished.
We aged, each alone, almost half a century.

And by chance I was cruelly punished,
when your bookmark fell from the poetry volume of Blok.
It was your photograph with a half century younger face —
your farewell gift.

СТАРОЕ ФОТО
Н.Т.

Оставаясь всегда молчаливой,
в домик наш на Четвертой Мещанской
ты вбегала поспешно счастливой,
убегала поспешно несчастной.

Это было под ливнем, под снегом,
лихорадочным вырывом к безднам.
Начиналось отважным побегом
завершалось застенчивым бегством.

Ни в какую ты роль ни вживалась.
Тело дав, душу прятала в теле,
и в меня ты до боли вжималась,
но глаза на меня не глядели.

Было мне ничего не известно
о другой твоей жизни-ночами,
Твои ногти вонзались в известку,
процарапывая смысл молчанья.

И ныряла ты в наши клоаки,
то в автобус, то в чрево вокзала,
но не мог я прочесть эти знаки,
когда ты второпях исчезала.

Еще чуть оставался твой запах —
свежесломленной белой сирени
но навек ты исчезла внезапно, —
мы полвека отдельно старели.

И случилось нечаянно что-то,
я наказан был жизнью жестоко:
я нашел твое старое фото,
то, что тайно вложила ты в Блока.

I am sorry, I opened this book very late.
And I found inscription on the flip side:
"Don't be surprised, I love you. Forever."
And from your face your soul emerged for the first time,
but again your eyes avoided mine.

And I heard your voice — I feared — from the grave:
"Don't give up. You will achieve greatness.
I am unhappy. So, beloved,
all my wishes will come true."

Thank God, this book sheltered your young face,
even your voice, so close to me.
I was a sinful, careless boy
and even now am I not the same?

Why am I still pacing in a frenzy
over seas, oceans, rivers, coasts?
Because the scent of the wild lilac, broken in our past,
floats unbreakably fresh...

2004

*Translated by author with Deborah Taggart
and Gracie and Bill Davidson*

Были строки на обороте.
«Я люблю тебя. В самом деле».
И душа проступила из плоти,
но глаза на меня не глядели.

Голос шел — может быть, из могилы:
«Ты сумеешь большого добиться.
Несчастливая я. Значит, милый,
всем моим пожеланиям — сбыться».

Слава Богу, что спрятала книжка,
голос, близкий до дрожи по коже.
Был я грешный небрежный мальчишка,
а сейчас разве я не такой же?

И чего я мечусь в исступленьи
по морям и по всем побережьям?
Запах сломленной в прошлом сирени
остается несломленно свежим.

2004

TSUNAMI
(triptych)

D.G.

1. THREAD OF LOVE

When the night, exhausted from passion,
slowly began to be reborn as morning,
between our separated lips, linking them again,
suspended baby's thin sweet saliva,
shining as a silver swaying thread.

And this thread didn't want to tear apart
two bodies transformed into one,
this thread sparkled, like a lonely strand,
remembering King Solomon and his Beloved,
who after tireless love-playing,
understood that the split would be inevitable.

We were saving the same distance between our lips,
afraid of the smallest motion,
hopelessly trying to slow down
the dying of the weak, transparent thread,
uniting our stunned lips,
carefully exhaling trembling air...

2. "GRINGA"

It happened in San Francisco,
where we were hiding in a little motel
from the panoptic eyes of the CIA and KGB —
both of us in our early twenties, both criminally young —
both full of boredom with talking heads,
both in the holy fever of love, in the midst of the Cold War —
an incorrigibly curious Siberian boy
and a joyfully dissident American girl,
squeezing each other in a very tender class struggle.

ЦУНАМИ
(триптих)

1. НАУТРО

И когда уже утро настало,
и уста разомкнулись устало,
то повисла младенчески слюнка
между губ серебристо, как струнка.

Вся искрилась, дрожа тихо-тихо,
как светящаяся паутинка,
помня сладостно и солено
Суламифь и царя Соломона,
понимая совсем неигриво,
что наступит мгновенье разрыва.

И, держа на дистанции лица,
мы боялись пошевелиться,
чтоб замедлить чуть-чуть погибанье
слабой ниточки между губами.

2. «ГРИНГА»

Это было в Сан-Франциско,
где укрылись мы от сыска
Си-Ай-Эй и КГБ —
русский и американка
ночью, душной, как Шри-Ланка,
в нежной классовой борьбе.

Звал я ту девчонку «гринга».
Между наших губ искринка
возникала, стрекоча.
Мы отчаянно балдели
в ту эпоху от Фиделя,
и от Че, и ча-ча-ча.

I called you "gringa".
Between our lips danced crazy sparks.
We were high, not on drugs, but on the speeches of young Fidel,
on the beautiful face of not yet killed Che,
and of course on the cha-cha-cha.

O, God how we both wanted to emigrate! —
not to any country —
(because all of them are stuffed with the same talking heads) —
but to emigrate only into this charming roach-motel,
into this stormy bed,
squeezing each other, like revolutionary rifles,
and writing inflamed verses into leaflets
                                    of our beloved "barbudo".

O, how warm was our Cold War!
Then we could not imagine Castro getting older,
and we could not imagine the collapse of the USSR.
We predicted the end of capitalism and we swore to it,
chewing with pleasure non-socialist camembert,
full of capitalist mold.

In the morning, happily not lifting a finger,
we were floating on our blessed laziness,
like on a slow raft, caressed by shy waves,
and all revolutionary legends and myths
were trembling in the sun rays, like a golden dust
over the risky head of my leftist Salome....

Now in the USA some clever leftists
make good profits on the Hollywood market.
Now in Russia those who had sent tanks against the Prague Spring
paradoxically call themselves "leftists".

Stop, history! Where are you going?
The new breed of leftists in Moscow,
wearing shining mink hats,
are sitting in stretched limos,
long and dark as the hopeless hopes of the Russian people.

Но напрасно наш отельчик
сладострастно ждал утечек
информации из уст.
Были занятыми губы,
и нам стало не до Кубы,
не до Кастро, и лангуст.

Боже мой, как мы хотели
жить всегда лишь в том отеле,
никуда не выходя,
и сжимать без остановки
лишь друг друга, как винтовки
и писать стихи в листовки
бородатого вождя.

И не верили мы страстно
что стареет даже Кастро,
что не вечен СССР.
Мы конец капитализма
предрекали, — в том клялись мы,
поедая камамбер.

А потом — в нешевеленьи,
утром плыли мы на лени,
как на медленном плоту,
и пылинками все мифы
над левацкой Суламифью
золотились на свету.

Но история — ловушка.
Испарилась ты, «левуша».
Полуиспарился я.
Развалилась наша слитность,
Все смешалось в кучу, слиплось
в ком осклизлого вранья.

What is left for us in their left?
For you — to hear Bush? For me — Putin?
Where are you, my beloved "lefty",
my Salome, broken by history?

3. SHROUDS

Is there a moon over the world, or a lamp in someone's hand
for seeing in the starless darkness
all the horror of the dead beaches of Thailand
and the shrouds on the earth, laid end to end?

You asked me: "Let's sweep politics out of our heads..
Let's go somewhere — why not to Thailand?
Even for one week... Even for a weekend!"
And your girlish look was heard by no answer.

Inside one century we haven't seen each other for many centuries.
But during the tsunami I was startled.
I imagined that you flew to Thailand, searching for death,
saving on your lips that silver thread of love.

Why did the tsunami happen?
Maybe because Castro, our hero from long ago,
when leaving the shaky pedestal of the stage,
stumbled, and for the first time fell down,
understanding that he is just an old man.

All of us in different countries now stumble
over dead bodies of the people, killed by us.
All of us slip on the blood in the streets,
where no one ever invited us.

But the revenge of mother-nature could not to be pin-pointed,
because vengeance can't be precise,
and vindictive, outraged waters,
have no time to read any passports.

В США на кинорынке
заработать на «левинке»
могут кто не дураки.
А в Москве, как за отвагу,
тех, кто гнали танки в Прагу,
называют «леваки».

Эй, история! Куда ты?
Левые партбюрократы
в лимузинах воровато
ездят, шапки заломив.
Нам осталось только слушать
порознь Путина и Буша,
Нам невместе скушно, душно.
Где же ты, моя «левуша», —
сломленная Суламифь?

3. САВАНЫ

То ли луна над миром, то ли лампа
в руке, чтоб разглядеть в беззвездной мгле
весь ужас мертвых пляжей Таиланда
и саванов на вздыбленной земле.

Просила ты: «Из головы все выкинь…
Поедем — ну хотя бы в Таиланд…
Хоть на неделю… Ну, хоть на уикенд…»
и был обижен твой просящий взгляд.

Мы столько лет не виделись — несметно! —
Я вдруг вообразил, что без меня
ты прилетела в Таиланд предсмертно,
но на губах ту ниточку храня.

С чего же тут произошло цунами?
Возможно, моя гринга, оттого,
что Кастро, прежде так любимый нами,
споткнулся ни с того и ни с сего,
покинув сцены зыбкий пьедестал,
и в страхе осознал, что старцем стал.

I enter into the TV screen.
I walk alone on the beach,
mumbling this helpless poem,
and I caress with my eyes, white silent shrouds,
as if you are inside one of them.

January 2005

Translated by author with Jeffrey Longacre

И все мы в разных странах вдруг споткнулись
о трупы убиенных наповал
и поскользнулись на крови тех улиц
куда нас никогда никто не звал.

Но точечной и точной месть природы
не может быть, как никакая месть,
и мстящие разгневанные воды
не успевают паспортов прочесть.

Вхожу я в телевизор, и по пляжу
иду, и бормочу свой жалкий стих,
и саваны глазами молча глажу,
как будто ты лежишь в одном из них.

2000-2005 гг.

CORONATION FOR LOVE

Sometimes we are quarreling like animals.
Sometimes we are happy.
Sometimes we are desperate,
but anyway we are at the same church
where they coronated us for eternal love.

And the Bible, tearing off its heavy golden buckles
whispers to us again through the voices of the choir,
and in the exhausted hands of our best man and woman
the two heavy wedding crowns are levitating over our dizzy heads,
and our two snotty pre-church wedding creations
are buzzing with their small toy-cars on the church floor
to the surprise of all the saints on the walls.

This happiness has a bitter taste of fright.
We are shyly standing before eternity.
How could we not fall out of love with each other?
Under the weight of these levitating crowns.

No other things are important to you in this instant.
You are so proud to be coronated.
You are uncertainly courageous
as the first woman on mother earth.

I love so much for my eyes to float
into your face, into your infinite eyes.
We could only guess who looked at us,
parting the clouds, put on our fingers,
two wedding rings, warm from his hand.

What is wordlessness? It is also happiness,
tongue-tied, out of desperation.
What is tenderness? It is shyness of our tired passion,
and our eternal coronation for love.

Translated by author with Deborah Taggart and Gracie Davidson

ВЕЧНОЕ ВЕНЧАНИЕ

То мы рассоримся по-зверски,
то счастливы, то вновь отчаемся,
то мы все в той же самой церкви,
и все венчаемся, венчаемся.

И библия в литых застежках
шуршит под голоса протяжные,
и у друзей в руках затекших
парят короны наши тяжкие.

И всем святым на обозренье,
родившись братьями-обидчиками,
два довенчальные творенья
жужжат во всю автомобильчиками.

Тебе все прочее неважно.
Ты так горда, что ты обвенчана,
и неуверенно отважна,
как первая на свете женщина.

Я так люблю вплывать глазами
в твое лицо, в глаза венчальные,
и кто надел — не знаем сами —
нам наши кольца обручальные.

Есть в счастьи горький вкус испуга.
Стоим смиренно подле вечности.
Как нам не разлюбить друг друга?
Лишь под защитой подвенечности.

Но эта предопределенность
не разведет и не разрубит нас.
Сумеет вечной быть влюбленность,
лишь бы осталась неразлюбленность.

Что нежность? — это тоже счастье,
хотя бывает от отчаянья,
застенчивость усталой страсти,
и наше вечное венчание.

2002-2004

CHILD OF LOVE

to my son Yevgeny Yevtushenko Jr

I am a child of love.
    They sculptured me with their whispers,
        they painted me with their kisses.
They scratched me out with feverish nails.
They murmured me out,
        they breathed me out.
The fantasy of those who love
        is greater than Salvador Dali's.
They glued me with their sweet saliva.
        They shaped me with their craziness
so that I would not disappear in my first risky sortie.
My father
    splashed me together with his own milky way,
        like a new tiny white star.
Like an embryo of curiosity
        I intruded into my mom,
losing along the way
    millions of my doomed brothers,
        who gave up their life for me.
I am a unique monument to all of them
        and to the love of Alexander and Zina.
It is impossible for me not to be alive.
    To love no one — for me it is simply unimaginable.

All humanity is divided,
        like it or not —
for the children of love
        and for the unwanted ones.

The children of drunken stupor, violence
        and hapless copulation

are guilty of nothing.
    Mother nature, relieve them of this curse!

РЕБЕНОК ЛЮБВИ

Жене Евтушенко младшему

Я — ребенок любви.
       Меня вышептали,
              меня выцеловали.
Друг у друга
       ногтями горячечено выцарапали.
Меня выбормотали,
       меня выдышали.
У влюбленных в постели
       фантазия выше Дали.
Меня страстью построили,
       нежностью вылепили,
ибо не отлюбили друг друга,
       не вылюбили.
Меня выходили,
       меня выласкали,
чтобы я не погиб
       в своей первой рискованной вылазке.
И как живчик-счастливчик,
       ворвался я в мать,
              по дороге утратив
миллионы погибших
       и жизнь уступивших мне братьев.

Я — единственный памятник им,
       и любви Александра и Зины.
Невозможно мне быть неживым.
       Не любить никого —
       для меня это просто невообразимо.
Человечество делится,
       как ты его ни клейми,
на детей любви
       и детей нелюбви.
Дети пьянок, насилий
       и совокупительной полуапатии
неповиннны ни в чем.
       Ты сними с них, природа, проклятие.

My son asks,
> "Dad, who is the God of the Turtles?"
>> "Dad, where did Atlantis disappear to?"
"Dad, will you die some day?"
>> "Yes, of course".
"Dad, isn't that dishonest?"
>> "Why?"
>> "If you die, you'd betray us"
my son,
> my ten-year old twin, tortures me with his questions,
my child of love,
> growing up too fast,
>> tiny warm monument of me.
I was the spark of two souls, two bodies,
> when for a moment
>> they became one.
I am a child of love...
> with those who don't know love,
I would like to share my family secret of loving:

Dive into holy fever
> and you probably will survive
and emerge with a squealing miracle in your hands.

Translated by Audrey Beeber David with the author
and Gracie and Bill Davidson

«Пап, кто Бог черепах?»
                    «Пап, куда Атлантида исчезла?»
«Пап, а дядя Булат где сейчас?»
«Пап, а смерть это правда — нечестно?»
«Пап, а маму ты любишь?» —
        мой сын,
              мой двойник изнурительно «папничает».
мой ребенок любви,
              мой, по росту меня обгоняющий памятничек.
Я был вспышкой двух душ,
                    ставших телом одним на мгновение.
Всем, не знавшим любви,
              я хочу подарить хоть немножечко полюбвения.
Я — ребенок любви,
          и за это мне завистью
                      все полюбить неспособные платят.
А любви, даже если она и одна,
              на Россию
                    и все человечество хватит.

HAVE YOU BEEN BEAUTIFUL?

Have you been beautiful?
                    I don't even know.
You were afraid of me,
            you embraced timidly,
                        humbly
but you were beautiful,
            unbeautifully moaning.
                    trying to smile through the pain.
You were beautiful
            because you didn't know how to caress.

Have you been beautiful?
                    I don't even know.
The fever of your tenderness was throwing you
                        Into hot or cold.
I couldn't imagine anything of you ever being evil.
You were beautiful
            because you gave into love.

Have you been beautiful?
                    I don't even know.
Your skin was whispering
                with your golden baby-hair.
Even today I am still an open pierced wound
where once your shining body flew through.

Have you been beautiful?
                    I don't even know.
But I have saved you, bewitching,
                    exactly as I first saw you,
Eternally I will be
                your mirror, where in the icy depth
I tenderly froze you,
                loving and young forever.

December 4, 2004
Translated by the author and Deborah Taggart

А БЫЛА ТЫ КРАСИВОЙ?

А была ты красивой?
                    Я даже не знаю.
Ты боялась меня,
            обнимала —
                        сначала несмело.
Отводила глаза,
            в меня пальцы до боли вминая,
и стеснялась,
            что ты ничего не умела.

А была ты красивой?
                    Я даже не знаю.
Тебя нежность бросала то в жар,
                        то знобила.
Я представить не мог,
            что ты можешь быть злая.
Ты красивой была
            потому что любила.

А была ты красивой?
                    Я даже не знаю.
Твоя кожа пушком под рукой золотела.
И я весь до сих пор,
            словно рана сквозная, —
сквозь нее твое тело,
                светясь,
                        пролетело.

А была ты красивой?
                    Я даже не знаю.
Но такой, как увидел,
            тебя сохранил я, колдуя.
Я останусь тем зеркалом,
            где глубина ледяная
заморозила нежно тебя,
                навсегда молодую.

TUCK ME IN

Every language has some irresistible beauty.
Every language has something insulting,
                                obsene.
But caressing and blessing is our bashful duty
I admire the timid,
                the shyest request: "Tuck me in."
For my 15 year old son
                        there is neither Stalin,
                                        nor Beria.
He is innocent,
                even being a giant teen.
His hodge-podge head is in Tulsa,
                                his legs-in Siberia.
but like a baby he begs:
                "Mom, tuck me in".
And when she is dozing
                grading her countless school papers,
tired to death
                of her teaching routine,
of the parents excuses
                for their children's rude capers,
she whispers to me like my little one:
                                "Please, tuck me in".
While I am tucking her in,
                being also exhausted and listless,
I discover her first grey hair —
                tiny strand that had never been
and remember my Mom
                like an orphan at Christmas,
who couldn't sigh into mother's ear:
                                "Tuck me in."

Translated by author with Deborah Taggart
and Gracie and Bill Davidson

TUCK ME IN

Во всех языках на свете
                        конечно, много есть злого,
но все-таки доброго больше,
                        и с ним я нигде не один,
и я обожаю по детски
                        простое английское слово,
пахнущее крахмалом,
                        шуршащее «Tuck me in…»
Я вечно был в детстве мерзлявым,
                        как досоветская барышня,
среди всех счастливцев не мерзших
                        каким-то я был не таким:
«Дует сквозь одеяло…
                        Ты подоткни меня, бабушка»
это и было наше
                        русское «Tuck me in».
Мой сын краем уха слышал
                        про Сталина,
                              и про Берия,
в свои пятнадцать он маленький,
                        хотя почти исполин,
его голова в Оклахоме,
                        а ноги там, где «Siberia»
и он, как ребенок, просит:
                        «Мамочка, tuck me in».
Когда она засыпает,
                        устав от школьных тетрадок,
от двух сыновей и мужа —
                        от всех своих трех мужчин,
едва коснувшись губами
                        растрепанных мужниных прядок,
шепчет она чуть слышно
                        измученное «Tuck me in».

И, подоткнув одеяло,
                        я гляжу ее и гляжу
последнюю мою маму,
                        уже не без ранних седин,
но все-таки первой мамы
                        я ощущаю пропажу
и невозможность по-русски
                        ее попросить: «Tuck me in».

Декабрь 2004

LENT BOOKS

The books also read those who read books.
The books see in the eyes our hidden moans and cries.
The books hear everything we are afraid to say to ourselves.
The books inhale everything we exhale.

We were matched together by books.
Anna Karenina was our suicidal matchmaker,
when she stood up from the frozen rails
and pushed us into each other's arms.

The silent return of lent books from those who love each other
does not look like a mutual favor —
it is like ripping the pages apart:
an irreversible separation.

We could only return books to each other,
but not our secret moments,
which we keep hidden so deeply,
not to be detected by the undeserved eye.

You took my books from the trunk of your old car
and left it open, waiting for your books from me,
clutching to your breast:
Pasternak, Marquez, and The Diary of Anne Frank.

My arms loved to embrace you so much,
but now they were busy with books,
as I was protected by Dostoyevsky, Faulkner
and Russian Proverbs.

I put all your books back into your trunk,
trying not to look in your eyes,
and you, like someone scowling out of the ruins,
in slow motion, stretched this moment out;
you began to give back my books, one by one.

КНИГИ

Книги тоже читают читающих книги,
видят в скрытных глазах наши стоны и крики,
слышат все, что на свете никто не услышит
кроме тех, кто такими же книгами дышит.

Нас друг другу сосватали книги когда-то.
и Марина Ивановна в том виновата.
Даже Анна Каренина — мертвая сватья,
с рельс привстав, нас толкнула друг к другу в объятья.

Молчаливое книг возвращенье друг другу
непохоже совсем на взаимоуслугу,
а скорее похоже на их раздиранье...
Это бесповоротное расставанье.

Мы могли возвратить друг другу лишь книги,
но вернуть не могли наши тайные миги,
те, которые так глубоко оставались,
что другим незаслуженно не доставались.

Ты стояла потерянно, неразрешимо,
не садясь в свою старенькую машину,
и в руках твоих словно чего-то, но ждали
Пастернак и Шаламов, «Пословицы» Даля.

Мои руки тебя обнимать так любили,
но сейчас они книгами заняты были,
будто нас ограждали, чтоб дальше не гибнуть,
и Ромен Гари, и Евгения Гинсбург.

Сунул я тебе книги на улице сразу.
отворачиваясь, как боящийся сглазу,
ну а ты, еле выбравшись из под обвала,
книги, словно во сне, по одной отдавала

I begged you for two long years
to find and love someone else,
and when it happened, I sighed with relief,
but my teeth desperately gnashed in the night.

I never asked with haughty envy the name of my rival:
"Who is he?" "How old is he?"
I did not know whether to cry or love,
when you said: "He's eighteen".

In the moment of separation,
you, full of the unspoiled beauty of a virgin,
asked me, with a halfway glance,
to come close and embrace you again.
But I replied only with a downcast look.

You looked at me as if you were again in love.
If I took one look — everything could return.
What prevented me? Cowardice? Courage?
Something for which I couldn't find a name?

The worn pages of my very-well read books
trembled in your hands.
You stand, only your earrings are startled:
protecting your soul with the books,
clutched to your heart.

Translated by author with Gracy and Bill Davidson

Я просил тебя, девочка, целых два года,
чтобы ты, наконец, полюбила кого-то,
и когда так случилось, вздохнул облегченно,
но зубами потом заскрипел обреченно.

Никогда я не спрашивал менторским тоном
сколько лет моему сопернику, кто он,
и не знал то ли плакать мне, то ли смеяться
когда ты мне сказала «Ему восемнадцать».

Чистотой незапятнанной девы красива,
полуподнятым взглядом меня ты просила
подойти, чтобы вновь оказались мы рядом,
но тебе я ответил опущенным взглядом.

Ты смотрела в меня будто времени мимо.
Сделай шаг я, все было бы непоправимо.
но не сделал я все-таки этого шага.
Что же мне не позволило? Трусость? Отвага?

Встрепенулись зачитанных книжек страницы,
попросив меня шепотом посторониться.
Ты застыла, — чуть вздрагивали лишь серьги! —
и прикрыла прижатыми книжками сердце...

KISSING INN
(New Year in Prague)

It occurred unexpectedly, like a crazy bliss —
when you jumped on me and began to kiss.
and the moon was shining, like the tipsy buckle
from your belt that flew on the skies with a chuckle.

You exploded like
hot champagne in my cold hands;
and I've seen as your hair like the foam expands.
On that night in the streets were no more dead ends.

It was the purest sin.
It was the Kissing Inn...

Loosing your mind, you kissed me in,
like a thousand women at once.
Insatiable, criminally young, innocently corrupted,
you were gnawing my lips.
It was sunrise, mixed with an eclipse.

Going mad from your inner earthquake,
you found yourself, because you lost yourself,
and your beauty marks were leaping from your trembling skin.
Oh, the Kissing In!

You transformed your whole body into lips.
You rolled me around, you tickled me to death.
We became as a single breath.

Like a witch you stole me from that room
for a flight on your broom from all
snoring spouses-deserters
who cowardly left the glorious Cuddle-Field,
from all the Pornography,
from all the Warnography.
and we landed in a pornoless, warless world,
where husbands and wives are still lovers
still divers into bottomless lips.

НОВЫЙ ГОД В ПРАГЕ

Это было внезапней обвала —
то, как ты меня целовала
новогоднею ночью пражской,
и луна серебрилась пряжкой
твоего захмелевшего пояса,
улетевшего дальше полюса...

Взорвалась ты, как пенная брага,
так, что вздрагивала вся Прага.
Вцеловалась, теряя разум,
словно тысячи женщин разом.

Ненасытная, молодая,
мои губы почти глодая,
ты свихнулась от собственной дрожи
так, что родинки прыгали с кожи.

Превратилось в губы все тело.
Ты меня ворошила, вертела,
теребила и щекотала
так, что щеки дымились тало.

Ты меня на метле умыкнула
от супружествующих так снуло,
от убогих отельных порняшек
в мир любовников, цепи порвавших
лицемерия и разврата,
в мир, где женщина ближе брата.

И глаза бесенят у постели
подговаривающе блестели,
но подушку по божьей воле
перья ангелов прокололи.

Near our bed, near the plowland of our love,
the eyes of so many little imps were only flickers of flame,
but by the will of God our pillow was
pierced by the angel's feathers..

The greatness of love knows no routine.
Every barn or hayloft could became Kissing Inn...

Two bodies and souls were feasting together;
but if during this feast we could create a child,
then to the envy of any surprised castrate,
the conception could be immaculate.

Translated by author with Joshua Grasso

У величья любви нет приличья.
Кто убийца любви? Привычка.
О, какое, наверно, несчастье
не узнать целомудрия страсти.

Пировали два тела друг другом
так что шли наши головы кругом,
но зачатие-всем на зависть —
непорочным бы оказалось.

KISSES IN SUBWAY

You, new Russian hypocritical puritans
                        made overnight in a brothel,
were trying to forbid kisses in the Moscow subway.
But after the explosion
                in the tunnel, stuffed with smoke and flames,
somebody's unkissed lips
                        were flying,
torn from exploded bodies,
                        kissing only the charred railways.
In your offices you were discussing
                        the fine for each kiss,
but while you were gabbling-babbling,
an unknown terrorist
            modest and nice, like a looking for work babysitter,
in a black — in advance mourning — sweater,
came into Moscow subway
                        with his unzipped luggage,
where his explosives were covered by beets and cabbage.
In the tunnel,
        hands which had never embraced anyone turned to ashes.
Near the scared rubber boots of firemen
were lying eyes which never gazed
                        into the eyes of their beloved.
Is this bitter lesson really not enough for you,
                        Creators of Fines?
Aren't your bans of kisses shameful in the face of death?
All my life I irritated Her Majesty Bureaucracy.
I was writing the wrong verses.
I was wearing the wrong clothes:
                        rags or a dandy's top hat.
I loved anyone whom I wanted,
I made love anywhere, even on a ferris wheel,
                        even underwater.
And if they will try to take away all my freedoms,
I will save my freedom to love everywhere.
Once, it was terribly cold in Moscow.
You were in your grandmother's worn out fur coat.

ПОЦЕЛУИ В МЕТРО

Наши невесть откуда
                    возникшие вдруг в бардаке пуритане,
вы пытались —
              недавно совсем —
                            запретить поцелуи в метро,
но в тоннеле,
         в дыму,
              чьи-то губы, еще не целованные, пролетали,
оторвавшись от взорванных тел,
                        только рельсы целуя мертво.
И куда-то летят до сих пор
                    эти губы обугленные,
не полюбленные —
              погубленные...
Штрафовать вы хотели
                 за все поцелуи поштучно
и, какой будет штраф,
                 дискутировали всерьез,
но пока вы трепались —
              как Воланд, над вами недобро подшучивая,
террорист в чемоданчике скромно взрывчатку пронес.
Стали пеплом на шпалах
                 еще никого не обнявшие руки,
под ногами валялись
              любимым в глаза не глядевшие в жизни глаза.
Неужели же вам недостаточно этой жестокой науки,
что в сравненьи со смертью
                    позорны все ханжеские «нельзя»?
Я всю жизнь вызывал высочайшие раздражения —
              то писал я не то,
              то в хламиде ходил,
                    то в нахально пижонском жабо.
Я любил, где хотел и кого я хотел,
                    безо всякого разрешения,
и когда отберут все свободы,
              то эту — им будет слабо.

55

We were going for nights of love
                    in the w armth of the subway.
And once I kissed you, pressing your chilled body
against
          the bronze statue of the Soviet frontier guard,
with an almost barking bronze German Shepard
                         on the bronze short leash.
In those times rock and roll was forbidden,
but we were dancing it even to Viennese waltz.
In vain,
       all Creators of Fines threaten us with freedom,
                              like with a plague
If,
    in life,
          on earth,
                  I kissed anywhere I wanted,
I,
    in death,
          will kiss under the earth
                         even the earth herself...

2004

Translated by author with Catherine Dalton

Разрезали мне узкие брюки,
и прямо на мне,
канцелярскими ножницами,
да еще приговаривали:
«У, дебил!»
В коммунизме мы были совсем непонятными новшествами
и, быть может, единственными,
кто им был.
Было холодно зверски в Москве.
Ты была в досоветском тулупе,
но в метро мы погреться спустились,
и я тебя так целовал,
прижимая спиной к пограничнику бронзовому —
Карацупе
с его верным Джульбарсом,
врагов — но не нас —
загрызающим наповал.
Рок-н-ролл запрещали,
а мы танцевали его и под музыку венского вальса,
и пускай нас пугают свободой,
как будто чумой,
если я на земле,
где хотелось, и раньше всегда целовался,
под землей целоваться я буду —
хотя бы с землею самой.

2004

LARA'S SONG IN TULSA

On Utica Square in Tulsa
I am stunned like the Nutcracker,
who escaped from the ballet stage,
in the middle of Oklahoma's shimmering plains,
in the middle of a white-hot summer.

I, a domesticated Nutcracker,
no longer amaze anybody here.
My red, golden-buttoned uniform
is good, because the blood is invisible on the red,
but underneath are so many wounds.
Everyone is nursing, stitching my wounds,
but my main wound — Russia — is still bleeding.

In Brussels or in Geneva
they squeamishly and haughtily patronize Russia,
as a disobedient little schoolgirl.
We were ashamed when the world was afraid of us.
Now we are ashamed that the world pities us.

But if Russia falls, she will be lifted up on the wings
of Tchaikovsky's white swans,
whom he fed from his hand, crumbs of black bread,
warmed by his fingers.
And one female white swan was Tchaikovsky's God daughter —
Lara's song.

I am the Nutcracker from the German fairy-tale,
and from the Russian music.
It was long ago when I walked on a Siberian path,
on crunching, golden pine needles.

A red-haired vendor of smoked turkey legs
said to me at the Tulsa Fair:
"Sorry, buddy. I was lazy in geography at school...
Where is Russia? Wait... Wait..
Isn't it somewhere between Germany and... and... China?"

58

МЕЛОДИЯ ЛАРЫ

Я на площади Ютика в Талсе
                стою, как щелкунчик,
                        который сбежал из балета,
посреди оклахомских степей,
                        посреди раскаленного лета.
Здесь привыкли ко мне,
                и мой красный мундир деревянный
тем хорош, что на красном невидима кровь,
                        а внутри меня — рана за раной.
Мне бинтуют их,
                зашивают, —
                        есть и поверху, есть и сквозные,
но никак она не заживает
                        моя главная рана — Россия.

Поучают Россию, как будто девчонку,
                        в Брюсселе, Женеве.
Было стыдно, когда все боялись ее.
                        Стало стыдно, когда все жалеют.
Но ее поднимают на крыльях
                        Чайковского белые лебеди.
Он с ладони их выкормил
                        теплыми крошками хлебными.

Я щелкунчик из сказки немецкой,
                        из музыки русской,
но давно не бродил
                по таежной тропинке
                        от игол и мягкой, и хрусткой.
Мне ковбой на родео сказал:
                «Ты прости, я был в школе лентяем.
Где Россия?
        Постой, — где-то между Германией,
                        и... и Китаем?»

And, you know, generally, he was right,
And fully deserved the first "A" in his life.
Russia's destiny really is in this "between".

Once I was startled at Utica Square in Tulsa,
because I found myself face to face with my lost Mother Russia.
The chimes of the square's clock
together with ticking seconds,
were playing crystal clear Lara's Song.

It's a pity that Pasternak didn't hear this melody,
sparkling, as the crispy Christmas snow.
He would like — if not the film —
I'll bet — Julie Christie.

That forbidden novel was able to fly home
over the rusty Iron Curtain to Russia,
not as a book — because it could be confiscated,
but only as a melody...

When somewhere in the world a pair of skaters
dance on the ice to music from "Doctor Zhivago".
On Moscow TV screens the sound is muted,
because of "technical difficulties".

And everywhere in Russia —
in the pompous Stalin's style restaurants,
with the effigies of snarling Siberian bears,
at the oak, banquet tables with legs,
bent by caviar and champagne,
where carpetbaggers were enjoying their personal communism,
or
in the cheapest taverns,
stuffed with the smoke of hand rolled cigarettes,
where war medals were clinking
on the breasts of the legless invalids,
and the tearful, sentimental whores
were confessing their childish secrets, —
the cunning musicians, drunken to smithereens,
pretending innocence,
were playing the banned Lara's Song:

А ведь в точку попал он.

Россия действительно между,
но от этого «между»

терять нам не стоит надежду.

И однажды я вздрогнул на площади Ютика в Талсе,
потому что с Россией на миг

с глазу на глаз остался.
Это мне городские часы

под размеренные удары
заиграли хрустально

мелодию Лары.

Жаль, что сам Пастернак не услышал той музыки,

снега рождественского искристей.
Если даже не фильм,

то ему бы понравилась Джули Кристи.

Запрещенный роман

прорывался в Россию

мелодией Мориса Жарра,
Выключали экран телевизора,

если на льду

танцевала под эту крамольную музыку пара.
Но во всех кабаках —

и в столице,

и даже в Елабуге
тему Лары играть ухитрялись.

прикинувшись дурнями,

лабухи,

И, не зная за что,

инвалиды рублевки кидали,
и мелодии этой

подзванивали медали,
и рыдали медвежьи,

опилками туго набитые чучела,
потому что, как запах тайги,

эта музыка мучила...

Если, крича,
плачу почти навзрыд,
словно свеча,
Лара в душе стоит.

Словно свеча,
в этот проклятый век,
воском шепча,
светит она сквозь снег.

И ты плачешь, Россия, плачешь
по всем, кто где-то замерз в тиши.
Жгут, горячи,
слезы, как воск свечи.
Русь, ты свети, Лара, свети, свети.

Даже кресты
плачут живой смолой.
Родина, ты
будь ради нас живой.

Мир пустоват
без огонька в ночи,
и Пастернак
с Ларой, как две свечи.

И ты плачешь, Россия, плачешь,
по всем, кто где-то замерз в пути.
Жгут, горячи,
слезы, как воск свечи.
Русь, ты свети,
Лара, свети, свети!

For me the quiet murmur of the forbidden books
is the murmur of our national flag.
The good Doctor Zhivago cured something in all of us.
Like a Nutcracker, no longer wooden,
I swirl, in the endless waltz
with Lara, on Utica Square in Tulsa.

2002
Translated by author with Deborah Taggart
and Gracie and Bill Davidson

И, скитаясь по свету,
                        опальный роман доскитался
до того, чтобы время показывать музыкой в Талсе.

Тихий шелест страниц запрещенных —
                        мой трепет российского флага.
От чего-то нас все-таки вылечил доктор Живаго.
И щелкунчиком,
              не деревянным — живым,
                        в нескончаемом вальсе
я кружусь вместе с Ларой на плошади Ютика в Талсе...

2002

STATE

By my faith in the state I'm amused in my head,
as I bow most respectfully to authority.
Though I've not hanged the state,
                               though I've not shot it dead.
Hanging me just a bit —
                    seemed to be its priority.

In the public arena I'll defend my conviction:
I deserve no such treachery from on high.
I expect little justice in this jurisdiction,
but I never been treacherous,
                          I've tried not to lie.

Oh, my state,
            I was trying to love you,
                                 obedient, as hay
to the rake..
           But obedience made me sick,
and I felt I'd be wrong,
                      if I tried to obey,
like the dog that is beaten
                        submits to the stick.

O, my state, you are lies,
                        explotation and hate:
you are falsehood without a heading.
So love for the Homeland and love for the state
are divorced
          but without their wedding.

Translated by author and Bill Parson

ГОСУДАРСТВО

С государством я всегда был очень вежлив,
свою голову почтительно склоня.
Государства не расстреливал, не вешал,
а оно немножко вешало меня.

Перед зимними глазами государства
говорю, не ждущий правого суда:
не достоин я подобного коварства,
ибо не был сам коварным никогда.

Государство, я тебя любить старался,
я хотел тебе полезным быть всерьез,
Но я чувствовал, что начисто стирался,
если слушался тебя, как палки пес.

Государство, ты всегда холопство, барство,
царство лести, доносительство, вражда.
Чувство родины, и чувство государства
не сольются в человеке никогда.

SCHOOL IN BESLAN

I am a drop-out of all the world's schools.
I am an exile from everywhere for someone elses' sins.
But, Beslan, I came to you to learn
from the ruins of your school.

Beslan, I know I am a bad father.
What, if I, myself, would see with my own eyes
the death of all my five sons,
only to survive into old age for my punishment?

Beslan, I understood that here I am not in an alien town,
when I groped a pulsating heart,
clumsily scratched by a pocket knife
on the charred, still hot, school desk.

In Russia, I was called a dynamite poet.
Now, compared to dynamite, I am but a mosquito.
None of us could be justified
if something like here is possible.

Everything was jumbled up in Beslan:
horror, disorder, confusion,
fears, compassion, courage to save,
yet the incapability to save with no victims.

Looking at us, our past trembles.
Our child — future, becoming a naked target,
attempts to escape from our present
that shoots right between its shoulder-blades.

But mourning crescent moon embraced a mourning cross.
Between charred school desks and clouds of smoke,
Mohammed and Christ wander like brothers
picking up the children by little pieces.

ШКОЛА В БЕСЛАНЕ

Я — недоучка всех на свете школ,
я — исключенец за чужие шкоды,
я к тебе, Беслан, сейчас пришел
учиться у развалин твоей школы.

Беслан, я знаю — я плохой отец,
но неужели я и сам увижу
всех пятерых моих сынок конец,
под старость — в наказанье себе — выжив?

Я понял — я не в городе чужом,
Нащупав сердце в перебоях боли,
неловко выцарапанное ножом
на задней обгорелой парте в школе.

Чего в России больше ты, поэт?
Да ты, в сравненьи с гексогеном — мошка.
Нам всем сегодня оправданья нет
За то, что на земле такое можно.

Как все в Беслане все слилось опять:
прошляпленность, нескладдица и ужас,
безопытность безжертвенно спасать
и в то же время столько чьих-то мужеств.

И прошлое, смотря на нас, дрожит,
а будущее, целью став безвинно,
в кусты от настоящего бежит,
ну а оно ему стреляет в спины.

Но полумесяц обнялся с крестом.
Меж обгорелых парт и по кусочкам
как братья, бродят Магомет с Христом,
детишек собирая по кусочкам.

Our multi-named God, embrace all of us!
Help us survive, not buried ingloriously
together with omni-religious children,
not saved by us....

When cattle-cars by Stalin's order were going to Kazakhstan,
stuffed with heaps of Chechens, lying on each other,
a future terror was born there
in the amniotic fluid protecting babies.

There, like in their first cradle, becoming angry,
babies, squeezing themselves, tried to hide,
but their fragile heads felt through maternal wombs
the stocks of soldiers' rifles on their "soft spots".

These babies were not praying to Moscow
that threw them to the salty steppes,
so flat as if a white devil
erased from the earth all the Chechen mountains.

And the dagger-like moon
in the holes of their clay huts
secretly reminded them of Islam
among the deceptive Soviet slogans.

Then Yeltzin's plebeian arrogance
and the blitz-kriegian boasting of his generals
pushed Chechens to the first explosions —
and it became impossible to hide from war.

The black widow-kamikazes wear explosives on their breasts,
on their waists, on their necks in place of a necklace.
As more and more dead bodies are behind us,
the price of all living is cheaper and cheaper.

But vengeance doesn't help anything.
Multinamed God, save us from vengeance!
If there are still some living children here
let's not forget that sacred word "together".

Многоименный Бог, всех обними!
Неужто похороним мы бесславно
со всерелигиозными детьми
самих себя на кладбище Беслана?

Когда шли эшелоны в Казахстан,
набиты влежку грудами чеченцев,
террор грядущий зарождался там
в околоплодной влаге у младенцев.

Там, в первой люльке, становясь все злей,
они сжимались, спрятаться так рады,
но чувствуя сквозь лона матерей
их бьющие по темечкам приклады.

И вовсе не молились на Москву,
их сунувшую в степь, где ровно, голо,
как будто бы с земли по колдовству
навеки стер шайтан былые горы.

Но и кривой кинжальный месяц сам
в прорехах крыш домишек их саманных
напоминал им тайно про ислам
среди советских лозунгов обманных.

И Ельцина плебеистая спесь,
и хвастовство грачевского блицкригства
их подтолкнули к первым взрывам здесь,
и было от войны уже не скрыться.

Шахидки носят взрывы на груди,
На талии и вместо бус на шее.
Всегда, чем больше трупов позади,
Тем стоимость живых еще дешевле.

Но ничему не помогает месть.
Спаси, многоименный Бог, от мести.
Пока еще живые дети есть,
давайте не забудем слова «вместе»

Someone, who didn't save children — not a hero.
All of us are naked before a naked truth.
I am together with the charred children.
I am one of them. I, too, am from the school of Beslan.

... How the face of the sky changes,
when the darkness roared with tanks in Beslan,
and with a premonition of the end
in that school gym, in that basketball hoop
trembled explosives, hung by Stalin.

Yevgeny Yevtushenko Translated by author
with Jeffrey Longacre

Тот, кто не спас детей — тот не герой.
но перед голой правдой все мы голы.
Я вместе с обгорелой детворой
Я сам из них. Я — из Бесланской школы.

… Как изменились небеса в лице,
лишь танками в Беслане мгла взрычала
и вздрогнула при мысли о конце,
в той школе, в баскетбольном том кольце
подвешенная Сталиным взрывчатка…

7 ноября — сентябрь 2004

BABII YAR

No monument stands over Babii Yar.
A drop sheer as a crude gravestone.
I am afraid.
           Today I am as old in years
as all the Jewish people.
Now I seem to be
           a Jew.
Here I plod through ancient Egypt.
Here I perish crucified, on the cross,
and to this day I bear the scars of nails.
I seem to be
           Dreyfus.
The Philistine
           is both informer and judge.
I am behind bars.
           Beset on every side.
Hounded,
      spat on,
           slandered.
Squealing, dainty ladies in flounced Brussels lace
stick their parasols into my face.
I seem to be then
           a young boy in Byelostok.
Blood runs, spilling over the floors.
The barroom rabble-rousers
give off a stench of vodka and onion.
A boot kicks me aside.
Helpless,
        in vain I plead with these pogrom bullies.
While they jeer and shout,
           "Beat the Yids! Save Russia!"
some grain-marketeer beats up my mother.
O my Russian people!
           I know
           you
are international to the core.

БАБИЙ ЯР

Над Бабьим Яром памятников нет.
Крутой обрыв, как грубое надгробье.
Мне страшно.
         Мне сегодня столько лет,
как самому еврейскому народу.
Мне кажется сейчас —
             я иудей.
Вот я бреду по древнему Египту.
А вот я, на кресте распятый, гибну,
и до сих пор на мне — следы гвоздей.
Мне кажется, что Дрейфус —
                это я.
Мещанство —
         мой доносчик и судья.
Я за решеткой.
         Я попал в кольцо,
затравленный,
           оплеванный,
                оболганный.
И дамочки с брюссельскими оборками,
визжа, зонтами тычут мне в лицо.
Мне кажется —
         я мальчик в Белостоке.
Кровь льется, растекаясь по полам.
Бесчинствуют вожди трактирной стойки
и пахнут водкой с луком пополам.
Я, сапогом отброшенный,
                бессилен.
Напрасно я погромщиков молю.
Под гогот:
       «Бей жидов, спасай Россию!» —
насилует лабазник мать мою.
О, русский мой народ!
         Я знаю —
             ты
по сущности интернационален.

But those with unclean hands
have often made a jingle of your purest name.
I know the goodness of my land.
How vile these anti-Semites —
                    without a qualm
they pompously called themselves
the Union of the Russian People!
I seem to be
              Anne Frank
transparent
              as a branch in April.
And I love.
              And have no need of phrases.
My need
          is that we gaze into each other.
How little we can see
                    or smell!
We are denied the leaves,
                    we are denied the sky.
Yet we can do so much —
                    tenderly
embrace each other in a darkened room.
They're coming here?
                    Be not afraid. Those are the booming
sounds of spring:
              spring is coming here.
Come then to me.
              Quick, give me your lips.
Are they smashing down the door?
                    No, it's the ice breaking...
The wild grasses rustle over Babii Yar.
The trees look ominous,
              like judges.
Here all things scream silently,
                    and, baring my head,
slowly I feel myself
              turning gray.
And I myself
          am one massive, soundless scream
above the thousand thousand buried here.

Но часто те, чьи руки нечисты,
твоим чистейшим именем бряцали.
Я знаю доброту твоей земли.
Как подло,
            что, и жилочкой не дрогнув,
антисемиты пышно нарекли
себя «Союзом русского народа»!
...Мне кажется —
            я — это Анна Франк,
прозрачная,
            как веточка в апреле.
И я люблю.
            И мне не надо фраз.
Мне надо,
            чтоб друг в друга мы смотрели.
Как мало можно видеть,
                        обонять!
Нельзя нам листьев
                        и нельзя нам неба.
Но можно очень много —
                        это нежно
друг друга в темной комнате обнять.
Сюда идут?
            Не бойся — это гулы
самой весны —
            она сюда идет.
Иди ко мне.
            Дай мне скорее губы.
Ломают дверь?
            Нет — это ледоход...
Над Бабьим Яром шелест диких трав.
Деревья смотрят грозно,
                        по-судейски.
Все молча здесь кричит,
                        и, шапку сняв,
я чувствую,
            как медленно седею.
И сам я,
            как сплошной беззвучный крик,
над тысячами тысяч погребенных.

I am
      each old man
            here shot dead.
I am
    every child here shot dead.
Nothing in me
          shall ever forget!
The "Internationale," let it
              thunder
when the last anti-Semite on earth
is buried forever.
In my blood there is no Jewish blood.
But in their callous rage, all anti-Semites
must hate me now as a Jew.
For that reason
         I am a true Russian!

1961

Translated by George Reavey

Я —
          каждый здесь расстрелянный старик.
Я —
          каждый здесь расстрелянный ребенок.
Ничто во мне
          про это не забудет!
«Интернационал»
          пусть прогремит,
когда навеки похоронен будет
последний на земле антисемит.
Еврейской крови нет в крови моей.
Но ненавистен злобой заскорузлой
я всем антисемитам,
          как еврей,
и потому —
          я настоящий русский!

1961

FEARS

Fears are dying out in Russia
like the ghosts of bygone years,
and only like old women, here and there
they still beg for alms on the steps of a church.

But I remember them in their strength and power
at the court of triumphing falsehood.
Like shadows, fears crept in everywhere,
and penetrated to every floor.

Gradually, they made people subservient
and set their seal upon all things:
they trained us to shout — when we should keep silent,
and to shut our mouths-when we had need to shout.

Today all this has become remote.
It's strange to recall nowadays
the secret fear of being denounced,
the secret fear of a knock at the door.

And what about the fear of speaking to a foreigner?
And what about the fear of speaking to your own wife?
And what about the boundless fear of remaining alone
with a silence after the brass band has stopped?

We were not afraid of building in the blizzards
or of going into battle under bullets and shells,
but sometimes we were mortally afraid
of even talking to ourself.

Be free, like the river Volga, breaking the ice,
but remember the terrible days,
Russia that has conquered fear,
And retain your fearlessness.

СТРАХИ

Умирают в России страхи,
словно призраки прежних лет,
лишь на паперти, как старухи,
кое-где еще просят на хлеб.

Я их помню во власти и силе
при дворе торжествующей лжи.
Страхи всюду, как тени скользили,
проникали во все этажи.

Потихоньку людей приручали
и на все налагали печать.
где молчать бы — кричать приучали.
и молчать — где бы надо кричать.

Страхи нас пробирали морозом.
Только вспомнишь — и вздрогнешь теперь
тайный страх перед чьим-то доносом,
тайный страх перед стуком в дверь.

Ну а страх говорить с иностранцем —
с иностранцем то что, а с женой?
Ну а страх беспредельный — остаться
после маршей вдвоем с тишиной?

Не боялись мы строить в метели,
уходить под снарядами в бой,
но боялись порою смертельно
разговаривать сами с собой.

Будь свободна, как Волга в разлив,
но запомни те страшные дни
победившая страхи Россия,
и бесстрашье свое сохрани!

Conscience is the world's greatest wealth.
Let us wish everybody one thing:
to fear only our conscience,
and other than that, nothing else.

Let no one dare resurrect
tortures or executions in Russia.
but what should remain— is the fear
of deceiving others or oneself.

But as I write these lines —
and I am sometimes in a hurry —
I write with only the single fear —
of not writing with all my power...

Translated by Albert Todd and Nina Bouis

For 42 years since the 13th has been written, I was tormented by my artistic conscience at each performance I attended: there were three stanzas that were poetically weak and unworthy of Shostakovich's great music. I am speaking about 12 lines from the poem "Fears" — I wrote them in a hurry trying to save the entire poem from the Soviet magazine. Shostakovich didn't know it. I tried to rewrite these lines many times. Only in 2003 after unsuccessful surgery when I was scared that I might die, leaving12 weak lines in the Shostakovich's masterpiece, I finally rewrote them. It is probably still imperfect but less rhetorical. This text, printed by Italic, is published in this book for a first time.

Совесть — главное наше богатство.
пожелаем нам всем одного:
только совести нашей бояться,
ну а кроме нее — никого.

Пусть не смеет ни пытки, ни плахи
воскресить на Руси кто-нибудь.
пусть, уж если останутся страхи —
это страхи людей обмануть.

И когда я пишу эти строки,
и порою невольно спешу,
то пишу их в единственном страхе —
что в неполную силу пишу.

В течение 43 лет со дня премьеры Тринадцатой симфонии
в Москве, на каждом ее исполнении в разных странах и городах
нашей страны, куда меня приглашали, меня мучили своей
вялой риторикой три четверостишия. Они были вписаны мной
в первоначальный текст в спешке, чтобы спасти публикацию
стихотворения «Страхи» в журнале «Москва» от цензурной
гильотины еще до 13 симфонии, но Шостакович этого не знал
и написал на них музыку. Просто-напросто выбросить эти
строки из текста было невозможно, надо было написать новый
текст, а он у меня никак не получался. Только почти через
полвека после неудачной операции в нью-йоркском госпитале,
испугавшись того, что я могу умереть, а три моих слабых
четверостишия так и останутся в гениальной симфонии, я
собрался с силами и написал другой вариант, может быть,
тоже несовершенный, но все-таки лучший — о совести, как о
главном человеческом богатстве. Эти новые строки выделены
курсивом и в русском и английском тексте и печатаются в
книге впервые.

IN THE COUNTRY CALLED SORT OF

During the last two or three years the colloquial Russian was invaded by a very sticky and very ambivalent expression: "kak bi». In American English it sounds like "Sort of" and also become very cool slang. That sort of aphorism became like sort of a cynical grin, trying to calm down our sort of conscience. Why has it happened? Eh?

I live in the country called Sort Of,
where,
          very strangely,
                    there isn't any street named after Kafka.

Where they,
          sort of, read
                    Gogol or Dostoevsky.
Where sometimes
          even distinguished citizens
                    fall in love
                              (sort of),
but sometimes their love is mixed-up with arrogance
                              (sort of).

"— Is it true that everybody sort of drinks
                    in your country Sort Of?"
There are some people who don't drink at all...
                    sort of... —
"— Hard to believe, sir,"
          Not even a single drop...
                    Sort of.
"What kind of people are these, your beloved Sorta' people?"
They are nice,
          Sorta-kinda....
                    Of course, some of them are crooks,
                              kinda-sorta...

"— Are you proud of your Grand country,
                    called Sort Of?"

82

В ГОСУДАРСТВЕ ПО ИМЕНИ КАК БЫ...

За последние два-три года в русский разговорный язык заползло да и расползлось по все стране двусмысленное словечко «как бы...», которое как бы все ставит под сомнение, а в то же время своей как бы ухмылочкой как бы успокаивает нашу как бы совесть... К чему бы это, а?

Я живу в государстве по имени КАК БЫ,
где, как это ни странно,
      нет улицы Кафки,
где и Гоголя как бы читают,
      а как бы и Хармса,
где порой как бы любят,
      но как бы и не без хамства.
«Это правда, что все как бы пьют
      в государстве по имени КАК БЫ?»
Есть, кто как бы не пьет,
     и, поверьте мне,
        как бы ни капли...
«Что вообще за народ эти самые ваши КАКБЫЙЦЫ?»
Как бы милый вполне,
    но бывают порой как бы воры и как бы убийцы...
В основном все мы как бы радушны
      и как бы достойны.
Все у нас поголовно за мир,
      но бывают порой как бы войны.
В стольких кухоньках — как бы Чечня,
      где побоища, словно с врагами,
утюгами,
   ножами кухонными и утюгами.
Наше КАК БЫ — везде,
     словно будничное полоумье.
Как бы судьи в суде,
     как бы думающие — в Думе.
Мне раскрыла КАКБЫЙКА одна
     свою крошечную как бы тайну:
«Я в вас как бы навек влюблена...
     Вас читаю и как бы вся таю...»

Hmmm,...
       sort of...
              Generally, we are friendly enough...
                           sort of...
Of course, all of us are for peace...
                sort of...
Of course, we have some petty,
                but unpleasant wars,
                     sort of.
Around every corner,
            in every family kitchen
when wives and husbands are sort of quietly bitchin,'
we have our own sort of private Chechnya,
                sort of private Iraq,
waving a wet dish rag,
            like a national flag,
                    during sometimes hidden scandals,
sometimes open scandals,
              sometimes with flying saucers and sandals.

Our mental Sort Of is inside us all,
                who probably needs head shrinkers.
In our courts we have only sort of judges,
              in our think tanks — only sort of thinkers.

One sort of pretty female Sort-of-ners whispered to me:
"I've sort of fallen in love...
        When I hear your voice, I am melting...
                    Sorta'...
                      But not enough."

I would like to stand before God,
           as I am,
                Not sort of.
Not being sort of happy
           In this sort of life,
                In this sort of freedom.

Translated by author with Jeffrey Longacre,
Joe Woolslayer, Yevgeny Yevtushenko Jr

Я хочу перед Богом предстать
                           как я есть,
                                   а не как бы,
                                           не вроде —
лишь бы «как бы счастливым не стать»
                           в «как бы жизни»
                                           и «как бы
свободе».

17 сентября 2004, Талса

WHEN WILL A MAN COME TO RUSSIA?

When will a man come to Russia?
Who will not deceive us?
There is no such job in the government, as honesty,
But maybe... someday... for the first time...

What could he do, just one man?
How can he bring so much discord into harmony?
We will have no mercy for him at all,
If he cannot make us any better.

How can he make himself better,
when he is nauseated,
listening to the carping voices
of our mob and our mobish elite?

He must be quickly slow, but slowly quick.
How do you target bombs or bullets
to precisely hit only the murderers,
and bypass all innocent children and women?

How do you preserve freedom and put up with
the vulgar manners of freedom?
To take in hand the lash of serfdom?
When the odes of the whipped look like stripes from the whip?

How not to behave as a criminal, fighting against crimes,
ripping up mattresses, cradles and brains?
To execute on Red Square all big — time and even petty thieves?
Russia will become a Sahara desert.

The blood of Tsarist massacres, of the Gulag,
has washed away all honor. Yet henchmen are still not punished.
Dishonored by ourselves, we long for honesty,
but unfortunately not for our own.

КОГДА ПРИДЕТ В РОССИЮ ЧЕЛОВЕК?

Когда придет в Россию человек,
который бы не обманул Россию?
В правительстве такого чина нет.
Но может быть... когда-нибудь... впервые...

А что он может сделать лишь один?
Как столько злоб в согласие он сложит?
Мы ни за что его не пощадим,
когда он лучше сделать нас не сможет.

А как он лучше сделается сам,
когда обязан, как бы ни обрыдло
Прислушиваться к липким голосам
элиты нашей липовой и быдла?

Здесь ум быть должен медленен, но быстр.
Как сделать, чтобы бомбы или пули
прицельно попадали лишь в убийц,
а всех детей и женщин обогнули?

Как сохранить свободу и терпеть
нахальную невежливость свободы?
Взять в руки крепостническую плеть,
но выпоротый пишет слабо оды.

Как не звереть, матрасы распоров,
ища брильянты в каждой люльке, гробе?
Казнить больших и маленьких воров,
Россия станет, как пустыня Гоби.

Кровь Углича, Катыни, Колымы
размыла честь. Никто не наказуем.
Собою обесчещенные, мы
о честности, но лишь чужой. тоскуем.

Instead of sweet candy for children,
it's better to give them our bitter memory.
It's terrifying, when children laugh as at stupidity
at the honest poverty of their fathers.

What, if suddenly, a man would come to Russia,
not a false messiah with a fake halo,
but merely one of us, one of everyone.
And he doesn't deceive us — but we deceive him?

When will this Someone come to Russia? Man or Woman!
When...when everyone will become human beings.
But the snow grows ever darker and darker,
and everything is poisoned, we and our rivers.

Not in grains — but in people — the harvest has failed.
Russia no longer awaits any profits or prophets.
When will come to Russia that nation of people,
who will not deceive Russia? When?

Translated by author, Albert Todd, Deborah Taggart,
Gracie and Bill Davidson.

Не раздавать бы детям леденцов,
а дать бы горькой памяти последки,
когда над честной бедностью отцов
смеются, как над глупостью, их детки.

А вдруг придет в Россию человек —
Не лжемессия с приторным сияньем,
а лишь один из нас, один из всех,
и не обманет — мы его обманем?

Когда придет в Россию человек?
Когда... когда все будут человеки,
но все чернее и чернее снег
и все отравленней и мы, и наши реки.

Не хлеба — человека недород
в России, переставшей ждать мессию.
когда придет в Россию тот народ,
который бы не обманул Россию?

GORBACHEV IN OKLAHOMA

In Russia — confusion and diffusion.
Reputations, like rubles, are falling.
But in Oklahoma leaves are falling in autumn.

No bands playing, no red carpet.
With a requiem-like rustling of dead leaves,
the most beloved communist of capitalists,
landed in Tulsa,
                    like an unexpected yesterday.

From the seat arises the Indian chief,
who hung his talisman, the coyote's tooth, in his Porsche,
and he applauds that white man,
who offered the Peace Pipe.

Groaning, the Big Oil Chiefs rise,
eyeing their guest as if he had risen from the dead,
and their wives, exhausted by aerobics,
weep with compassion, because
their Gorby was hurt by that Russia.

Such bitter honey —
to be understood better by these foreigners.
His own people did not forgive him even one slip.
But who is loved in Russia now?
Nobody.
The rest of the world is kinder to Russians
than Russia itself.

He was the first who, with his peasant's hand,
tore off his head the crown of the Red Tsar.
He put his palms on the Afghan flames.
He pulled Sakharov through the bars of exile,
and the Berlin Wall immediately collapsed
when Gorbachev very wisely looked the other way.

ГОРБАЧЕВ В ОКЛАХОМЕ

В России распустеж,
                    разлад,
                          распад.
А в Оклахоме просто листопад.
Ни музыки,
          ни красного ковра.
Под реквиемный шелест мертвых листьев
Любимый коммунист капиталистов
похож на прилетевшее вчера.
Но не такая дура Оклахома,
чтоб так встречать любого охламона.
Встает индейский вождь,
                       от всяких порч
повесивший койота зуб
                      в свой порш
и громко аплодирует тому,
кто трубку мира протянул ему.
Встают,
       кряхтя,
              Владыки нефти с кресел,
как будто вроде умер,
                     но воскрес он,
а жены их едва не плачут в скорби,
что там, в России,
                   так обижен Горби.
Чужие люди поняли его.
Свои —
       ошибок злобно не простили.
Кого в России любят?
                     Никого.
Весь мир добрее к русским, чем Россия.
Свободу непродуманно даря
по своему и Божьему желанью,
он первым был,
              кто комбайнерской дланью
сам снял корону красного царя.
От Хиросимы и от Колымы
он спас нас всех,
                 а внуков и подавно.
Но стал он жертвой своего подарка —
свободы,
         незаслуженной людьми.

He saved, from another Hiroshima and another Gulag,
all of us and our grand children,
but he became the first victim of his own gift to us —
the victim of the freedom that people did not deserve.

And he, the Creator of Freedom, trembled.
He was trapped in his fear as in a web,
and his country, like a carpet,
was pulled out from underneath him
by professional carpetbaggers.

He, the Mapmaker of the Next Century,
as a ghost, became unemployed
in the times when everybody began to grab everything,
during the times of the "Great Grab."

He is all alone like all the world's heroes.
He was broken by ingratitude. He aged.
Sometimes the contours of Africa on his brow swell,
when he is insulted by the mob.
But even in the African jungle some lips
mouth his words, 'glasnost,' 'perestroika.'

He flies everywhere, but for him
all countries are islands of exile.
Only God
will judge whether he was right or wrong.

He is surrounded by stool pigeons and bodyguards.
He could not even pray alone in church.
Everywhere stretch limos like hearses
mercilessly wait for him and swallow him up.
and police cars, like well-fed watchdogs snarling,
hurl their black noses and wag their toxic tails.

Translated by author, Joseph Bradley,
Christine Ruan and J.Hinshow

В свободе столько зависти и зла
открылось вдруг,
                    как прорвало плотину.
Он дрогнул.
              В страх он влип, как в паутину,
а из под ног держава поползла.
Он —
        автор карты будущего века —
Вдруг стал ненужным прираком генсека.
Сменились и фигуры,
                и доска
во времена ВеликогоХапка.
Он одинок,
           как все герои мира.
Его неблагодарность надломилла.
Он постарел.
           Он слишком простодушен
Когда в удушье ищет он отдушин,
лишь очертанья Африки на взлобьи
Вспухают при плебейской чье-то злобе,
но даже в джунглях африканских бойко
еще лопочут:
             «гласность»,
                     «перестройка».
Он ездит,
         но ему во всей вселенной
все страны —
              Острова Святой Елены.
Елены, а не Эльбы.
              Бог рассудит
В чем был он прав,
           в чем нет.
                        Ста дней не будет.
При полустукачах — полуохране
не помолиться одному во храме,
И всюду ждут его неумолимо
растянутые траурные "limo"
и "police cars",
как сытые собаки,
рыча,
           сшибают мусорные баки...

ON THE GRAVE OF MAY THE FIRST

In Chicago
        on the grave of the very first,
                    May the First,
silently taking off his worn out hat from the times of F.D.R.,
a gray-haired American,
              looking like a dandelion,
                    bent by this century,
blowing his red-veined nose,
is poking into a grave the fragile branch of a pussy willow.
This little branch will never be reborn as a red flag pole,
because May the First was betrayed,
                    in Moscow and Chicago.
There are no poet-rebels today —
        only college clerks, scribbling their boring verses.
There are no proletarians —
            only the petite bourgeois of the conveyor belts.
Our May the First
        was trampled in Chicago
            by the hooves of police horses.
In Moscow,
    May the First was tenderly suffocated in Stalin's embraces.
But, maybe, it was better
    to completely forget this May Day, like they did in Chicago,
than to write "Long live First of May!"
               on the frozen gates of the Gulag.
You are children of the Great Depression.
We are children of the 70 year long Great Repression.
But May the First itself is not guilty of anything...
In my childhood,
    I tasted this day in little pieces like a red berry muffin.
But today I am here on the grave of my hope,
              with this bowing Chicagoan,
trying to read the faded names of the killed workers.

НАД МОГИЛОЮ САМОГО ПЕРВОГО МАЯ

Над могилой чикагского —
           Самого первого —
                      Первого Мая,
тихо шляпу потрепанную снимая,
веком согнутый
                седенький американец
одинокую веточку вербы втыкает,
                    сморкаясь.
Эта веточка не превратится
                  в древко пролетарского флага,
ибо предано Первое Мая
                в Москве и Чикаго.
Нет мятежных поэтов —
                лишь клерки из колледжей над стихами.
Нет пролетариата —
                стоят буржуа за станками.
Растоптали в Америке Первое Мая
                кони полицейских копыта,
а в Москве оно было в объятиях Сталина нежно убито,
и уж лучше забыть этот праздник совсем,
                как в Чикаго,
чем «Да здравствует Первое Мая!»
                писать на воротах Гулага.
И, прикрывшись, как шкурой овечьей,
                знаменами Первомая
Хочет прошлое стать настоящим,
                портреты убийц поднимая.
А ведь праздник ни в чем не виновен.
                Я в детстве, как будто бы пряник,
По кусочку отламывал
                этот любимый мой праздник.
Но теперь я стою с этим согнутым дряхлым чикагцем
над могилою Первого Мая,
                пытаясь в надгробья вчитаться.

This Chicagoan was an idealist,
 anarcho-syndicalist,
but now he is just a bent relic with a face
 like a wrinkled cobble-stone,
which was the only weapon of the rebel workers.
 This Chicagoan, in age-spotted hands,
 holds his hat bottom up.
It's impossible to measure the depth of this hat
 with the holes and stains
 made by history.
But he is waiting for something,
 he is hoping for something.
As pale, pink petals of the May cherry trees
 fall guiltily into his hat,
 blushing,
like alms for the ghost of the red proletariat.

1996
Translated by Alexander Yevtushenko with his father.

Был он идеалистом,
                    анархо-синдикалистом,
а теперь он реликвия с ликом скалистым.
Держит шляпу вверх дном.
                    чтоб измерить ее глубину — нету лота.
и чего-то он ждет
                    и надеется все же на что-то.
И с дерев лепестки
                    в его шляпу летят виновато,
                              светясь розовато —
подаяние призраку
                    красного пролетариата...

SEMI-EMIGRATION

I am an alien to myself in an alien country,
sucked into an alien night,
as if they killed me in my Motherland
and threw my body out of sight.

And my body, surprisingly alive,
not relying on many 'maybes',
is trying to crawl in clouds
or to fly in swamps.

Is it true
that I am not the same as before;
semi-emigrated from repulsion to hope,
which miscarried such fruitless fruit!

I began to hide my eyes,
fearing that ravens would peck them out.
An army, defeated by victory;
this is my generation.

The fifth wave is the beginning of the flood.
But where are you pushing us,
semi-emigration, born of grievances,
disillusions and shame?

I am going mad from such happiness.
There are only two versions of fortune:
McDonalds here in America,
or McDonalds in Moscow, next to Pushkin.

There is less and less Motherland in my Motherland.
They want to see shrunken Russia in the dive,
like an Orthodox Church, a mini-geisha,
clenched in the fist of a new Tsar.

ПОЛУЭМИГРАЦИЯ

Сам себе чужой я на чужбине
втянутый в совсем чужую ночь
будто бы на родине убили,
ну а тело выкинули прочь.

И мое живое еле тело,
не надеясь даже на авось,
то куда-то небом полетело,
то землей едва поволоклось.

Неужели я не тот, что прежде,
полуэмигрировавший от
чувства отвращения к надежде,
выкинувшей столь бесплодный плод?

Стал глаза я прятать, как побитый,
чтоб их не склевало воронье.
Армия, разбитая победой, —
это поколение мое.

Пятая волна — начало моря,
но куда ты гонишь нас, куда
полуэмиграция от горя,
разочарованья и стыда.

Родины на родине все меньше.
Видеть ее хочу в кабаке
чем-то вроде православной гейши
но зажатой в царском кулаке.

Цирковые русские медведи
воют — их тоскою извело.
Родина из родины уедет,
если все уедут из нее.

Russian bears become traveling actors
howling in the foreign circus.
Our Motherland will have left the Motherland
if all of us leave her.

If we are empty, all streets of the world seem empty too.
My eyes are brimming with dry tears.
I am a fool. I wanted too much
to be understood there and here.

But in my Russia, each small cucumber,
with the earth clinging tenderly to its white belly,
looks like my family, so close to me,
with each little warm goose bump on its tender green skin.

But in Russia, there is Tolstoy's grave,
and my father's grave —
that's why I will never abandon her,
its Her kite in the sky on an invisible thread,
flying over all earthly temptations.

This semi-emigration is not betrayal...
We haven't buried all our hopes.
We didn't even notice that **WE** became our Motherland:
How can we abandon ourselves?

Translated by the author and Gracy Davidson

Но в России Ясная Поляна,
потому в любом чужом краю
я ее навек не брошу —
я на все соблазны наплюю.

Но в России каждый огуречик
с неотлипшей нежною землей
это как родимый человечек
и любым пупырышком — он свой.

Родину мы всетаки не сдали,
Столькие надежды погребя.
Незаметно Родиной мы стали…
Как же нам уехать из себя?

ROADMAP

I am a multitude,
        but in reality, I am completely alone.
I am inhuman,
        but I call myself a human being.
I am phoning myself in a kind of craziness-
but I look on the caller I.D.:
        who is calling me?
I crumpled skyscrapers in Manhattan into rubble
        and the Soviet Union into smithereens.
I atomized myself by explosives
        in Israel and Palestine.
I contort myself
        for oil, diamonds, gold and the holes in the bagels.
I've lost my road,
        but I panhandled you, like salvation,
        for my own roadmap.
I defile myself in dead-end streets,
        with my brains fogged up by booze and dope.
I decapitated, with a medieval dagger,
        my own head in Chechnya.
I am queued up to myself
        to obtain a green card,
        like a pass getting me into a greenless
last paradise.
        I condemned my legless or handless life because
I wasn't unhappily killed in the war.
I, pushed by force into the voting booth,
        like a bull into a mousetrap,
slipped my ballot into the cunning slot
        and voted for myself — whom else?
While I protest, my noggin stupidly
        invites a blackjack upside it.
I poisoned myself with smog,
        I contaminated myself with AIDS.
Who robbed the Amazon, Alaska, the Urals?
        Unfortunately, it is not a secret to anyone.
Everybody already knows
        that these were stolen by me from myself.

ДОРОЖНАЯ КАРТА

Я многомиллиарден,
                       а в сущности так одинок.
Я бесчеловечен,
                       хотя называю себя человеком.
Я,
       по телефону звоня сам себе в сумасшествии неком,
на определитель смотрю —
                       от кого мой звонок.
Я в прах превратил небоскребы в Нью-Йорке,
                       в ошметки — Советский Союз.
Сам в клочья взрываю себя
                       и в Израиле,
                                  и в Палестине,
и сам я провел себя ловко
                       на нефти,
                                  алмазах,
                                            мякине
и сам,
       потерявший дорогу,
                       к вам с картой дорожной суюсь..
Насилую сам себя я,
                       отуманенный водкой и «травкой»,
и голову сам себе я
                       отрезаю кинжалом в Чечне,
Стою сам к себе за какой-то ничтожною справкой,
и жизнь проклинаю
                       за то, что я не был убит на войне.
Себя затащивший силком в избирательную кабинку
я ткну в хитроватую щель бюллетень
                       за себя — а еще за кого?
Когда протестую,
           могу напроситься башкой на резиновую дубинку
и всласть получить по мозгам
                       от себя самого.

And where is the real roadmap?

                    Did we decide to give it up?

The frost-bitten map,

              rustling in the crispy, icy dust,

is lying somewhere

              on the highest mountain —

on that mountain we have not yet reached...

Translated by author with Gracy and Bill Davidson

Я сам отравил себя СМОГом.

                      Я сам заразил себя СПИДом.

А кто обокрал Амазонку,

             Аляску,

               Урал?

Увы, никакого большого секрета не выдам.

Все знают прекрасно:

               я сам у себя все украл.

А где же дорожная карта?

                 Неужто мы сдаться решили?

Шурша подмороженно в снежной хрустящей пыли,

лежит она где-то

              на самой высокой-высокой вершине,

на той,

           до которой мы с вами еще не дошли.

28 сентября 2003

I EMBRACE TREES

I am not a skirt chaser.
            I am a persistent embracer.
I embraced my Mom and
            both of my Grannies,
                        like the holy trinity.
I embraced both my Granddads
                        during the Great Terror,
when they took them away into Prison
            together, with my childish tears on their lapels.
I am embraced my father,
   who carried the scent of a perfume which wasn't my Mother's.
I inherited his admiration
                        for nicely illegal smells.
But when I embrace a woman,
            I blush,
                        because I don't know again what to do.
As the many-handed Shiva,
            I invented a sheepish hobby for each of my hands.
But if we want to embrace all humanity
            we do not have enough time to embrace our wife.
My wife has busy hands as well;
                        she has no time for embraces.

Not long ago I met a tree.
                        It happened at the Zoo,
as I was limping along,
                        overloaded by nothing,
like a desperate camel,
                        who has used up all his spit.
Something magical pushed me to the ancient, ageless oak
and I whispered to him, childishly, something like:
"I am sorry, I'll never do it again.
            One third of my heart doesn't work anymore,
                        yet my heart is not empty
Don't allow me to die.
            I don't deserve to die yet."

ОБНИМАЮ ДЕРЕВЬЯ

Я не пенкосниматель.

              Я с детства — смешной обниматель:
обнимал я и маму, и бабушек —

                       троицу-богоматерь.

Обнимал своих дедушек в тридцать седьмом при аресте,
когда их увозили

                  с моими слезами на лацканах вместе.

Обнимал я отца,

              от которого пахло духами не мамиными,
и наследство его приумножил

                 грехами немаленькими.

Но когда обнимаю я женщину,

                снова краснею,
ибо, как в первый раз,

              я не знаю, что делать мне с нею.

Я себе напридумывал много дурацких занятий.
У жены тоже заняты руки.

                 Ей не до объятий.

Но недавно,

           разгвазданный вдрызг сам собою в запарке
еле плелся я в парке,

             не в силах бежать, как верблюд в зоопарке.

И какое-то нечто

           толкнуло меня к вековечному дубу
и ему я по-детски шепнул

              что-то вроде: «Я больше не буду…

Мое сердце ослабло на треть,

           но оно ведь еще не пустое.
Не позволь мне пока умереть…

           Я еще умереть недостоин!»

И я, майку задрав,

            сердцем вжался в извилины мудрой коры
и в царапающую шероховатость,
и морщины,

       могуче добры,
внутрь вобрали мою виноватость.

And I lifted my T-shirt,
    clutching my heart to the wise wrinkles of the bark,
and these scratching wrinkles
          absorbed my torment and guilt,
and my shortness of breath and my shortness of life
            were forever gone.
I became my own grandson,
        embracing life anew.
I am hacking through rubble,
       through a loveless, embraceless world.
I embrace trees like all of my resurrected friends
I embrace trees
   like the doctors who gave birth to all my children
         and now give re-birth to me.
I embrace all races;
     I kiss all traces.
My beloved,
     let's lock, around the same tree, our hands together
and we will exhale the most beautiful weather!

Probably, this is our only freedom;
when we don't know where we are,
       where is Mother Nature.

*Translated by author with Deborah Taggart
and Gracie and Bill Davidson*

2001

Мне вошло что-то внутрь,
и мгновенно исчезла одышка.
Стал я —
            собственный внук.
Стал —
            обнявшийся с жизнью мальчишка.
Я навек обниматель опять!
Мне,
      избавленному от старенья,
есть всегда, что обнять.
Ну хотя бы деревья!
Я к любви продираюсь, как будто в тумане,
                              сквозь непониманье
сквозь обман на обмане
                  безлюбье и безобниманье.

Обнимаю деревья,
            как всех неразлюбленных мною любимых.
Обнимаю деревья,
            как будто друзей моих невозратимых.
Обнимаю деревья,
            как будто врачей, принимавших детей моих роды,
а теперь принимающих новые роды меня!
                        Обнимаю все в мире народы!
Обнимаю сибирские сосны,
                  платаны,
                        секвойи и баобабы.
Ты с другой стороны обнимать их, наверно, смогла бы,
чтоб сомкнули мы руки,
                  а в этом такая свобода! —
чтобы знать, мы не знали
                  где мы, —
                        где природа.

2001

TWO

Two who love each other
                    are a mutual rebellion.
In the midst of swearing:
                    a whisper, louder than thunder.
Two in the fresh hay with pupils of wild berries —
this is twice God!
This is a waltzing wool ball
                    of all the threads of life.
Two who love each other
                    like two orphans, cuddling
into the starry hem
                    of mother-eternity.
These two are readers of skin,
                    linguists of eyes.
They don't need dictionaries
                    to understand their tremor.
The storm-tossed bed sheets,
          for them, are more priceless,
                    than banners.
Names they whisper
                    are higher than all famous names.
Love is dangerous business,
                    like the mining of boredom.
Love is a great conspiracy,
               a robbery,
                    "ri-fi-fi."
The riot of the body against separation
                    from the desperate soul.
That's why the envious and loveless mob
                    hisses behind our backs:
"They will be punished for love,
                    because love is blind."
Two who love each other:
                    Hopefully, you and I.
God give me all-seeing blindess,
                    and I will never die.
The world, where love's blindness
                    is squirmishly ridiculed,
could easily die from an explosion,
                    but resurrect from a whisper.

Translated by Philip Reno with the author.

110

ДВОЕ

Двое — кто любят друг друга —
                    это мятеж вдвоем.
Это — сквозь чью-то ругань
                    шепот, слышней, чем гром.
Двое — в сене и жимолости —
                    это сдвоенный Бог,
Это — всех нитей жизни
                    вальсирующий клубок.
Двое, кто любит щемяще,
                    это две сироты,
ткнувшиеся по щенячьи
                    в звездный подол красоты.
Это читатели кожи,
                    это лингвисты глаз.
Для понимания дрожи
                    разве им нужен подсказ?
Простыни, смятые ими,
                    им драгоценней знамен.
Вышептанное имя —
                    выше великих имен.
Это опасное дело.
                    Заговор, и большой.
Это восстание тела
                    против разлуки с душой.
Это неподконтрольно.
                    Это как две страны,
слившиеся добровольно
                    без объявленья войны.
С гаденькими глазами
                    ждет, ухмыляясь, толпа
скорого наказанья,
                    ибо любовь слепа.
Стоило ли венчаться,
                    если бы я и ты
вдруг излечились от счастья
                    всевидящей слепоты?
Миг, где излишне брезгливо
                    осмеяна слепота,
может погибнуть от взрыва,
                    воскреснуть от шепота.

THE FAREWELL BREATH

Dedicated to Deborah Taggart

The eyes of oldness are not old.
The hands of blindess are not blind.
We have our eyes in our fingertips.
A kiss with eyes doesn't need the lips.

Non-seeing? Please, enough such lies.
It's not a sin to sin with eyes.
The power of the glance is shy
The kiss could be stolen with a winking eye.

We better talk with the eyes than words.
We hide in the pupils the secret worlds.

At night our lonely, tired hands
want other hands, as their last friends.

What draws us to break prison's bar,
or to stretch our palm from the running car?

We want to catch as a female flesh,
the wind, vibrating, resilient, fresh.

What fate awaits our hands and eyes?
Will we die together with our demise?

The farewell breath is indeed a final friend.
Fear grasps for air as comes our end.
But clenched into a fist will ebb away
the farewell breath into the grave's decay.
And your closed eyes will eternally see
everything what exists, everything what will be.

Why are hands crossed upon our chest?
They embraced all the world, that you leave as a guest...

Translated by author with Deborah Taggart

ПРОЩАЛЬНЫЙ ВОЗДУХ

Для глаз и рук не существует лет.
Есть слепота, но рук ослепших нет.

На кончиках у пальцев есть глаза
и видят они все, что им нельзя.

Не-виденье? Да разве есть оно?
Хотя б глазами не грешить — грешно.

У взглядов есть застенчивая власть.
Глазами легче поцелуй украсть.

Глазами легче все сказать чем вслух.
Нет старых глаз у стариков, старух.

А ночью наши руки — боже мой! —
хотят в другие руки, как домой.

Что шепчут нам желанья в тишине
у пальцев на подушечках во сне?

Что тянет нас, как будто на огонь
в окно машины выставить ладонь?

Да потому что, руку обласкав,
в седых, но шаловливых волосках,
вжимает ветер,
                          чтобы нас встряхнуть,
себя в ладонь, как дышащую грудь.
где драгоценной россыпью камней
дрожат пугливо родинки на ней.

Прощальный воздух — наш последний друг.
Цепляется за воздух наш испуг,
Но вытечет в могильном холодке
прощальный воздух, сжатый в кулаке.

Но что же за судьба у рук и глаз?
Умрут они, когда не будет нас?

Но так же будут видеть все и всех
глаза, уже закрытые навек.
А сложенные руки на груди
обнимут сразу все, что позади.

THE CITY OF YES AND THE CITY OF NO

To V. Aksionov

I am like a train
                rushing for many years now
between the city of Yes
                and the city of No.
My nerves are strained
                like wires
between the city of No
                and the city of Yes.

Everything is deadly, everyone frightened, in the city of No.
It's like a study furnished with dejection.
Every morning its parquet floors are polished with bile.
Its sofas are made of falsehood, its walls of misfortune.
Every portrait looks out suspiciously.
Every object is frowning, withholding something.
You'll get lots of good advice in it — like hell you will! —
Typewriters chatter a carbon-copy answer:
"No-no-no...
        No-no-no...
                No-no-no..."
And when the lights go out altogether,
the ghosts in it begin their gloomy ballet.
You'll get a ticket to leave —
                like hell you will! —
to leave
        the black town of No.

But in the town of Yes — life's like the song of a thrush.
This town's without walls — just like a nest.
The sky is asking you to take any star you like in your hand.
Lips ask for yours, without any shame,
Softly murmuring: "Ah — all that nonsense..." —
and daisies, teasing, are asking to be picked,
and lowing herds are offering their milk,
and in no one is there even a trace of suspicion,
and wherever you want to be, you are instantly there,
taking any train, or plane, or ship that you like.

ДВА ГОРОДА

Я, как поезд,
                что мечется столько уж лет
между городом Да
                        и городом Нет.
Мои нервы натянуты,
                        как провода,
между городом Нет
                        и городом Да!

Все мертво, все запугано в городе Нет.
Он похож на обитый тоской кабинет.
По утрам натирают в нем желчью паркет.
В нем диваны — из фальши, в нем стены — из бед.
В нем глядит подозрительно каждый портрет.
В нем насупился замкнуто каждый предмет.
Черта с два здесь получишь ты добрый совет,
или, скажем, привет, или белый букет.
Пишмашинки стучат под копирку ответ:
«Нет-нет-нет...
                Нет-нет-нет...»
А когда совершенно погасится свет,
начинают в нем призраки мрачный балет.
Черта с два —
                хоть подохни —
                                получишь билет,
чтоб уехать
                из черного города Нет...

Ну, а в городе Да — жизнь, как песня дрозда.
Этот город без стен, он — подобье гнезда.
С неба просится в руки любая звезда.
Просят губы любые твоих без стыда,
бормоча еле слышно. «А, — все ерунда...» —
и, мыча, молоко предлагают стада,
и ни в ком подозрения нет ни следа,
и куда ты захочешь, мгновенно туда
унесут поезда, самолеты, суда.

And water, faintly murmuring, whispers through the years:
"Yes-yes-yes...
             Yes-yes-yes...
                          Yes-yes-yes..."
Only to tell the truth, it's a bit boring, at times,
to be given so much, almost without any effort,
in that shining multicolored city of Yes...
Better let me be tossed around
                              to the end of my days,
between the city of Yes
                        and the city of No!
Let my nerves be strained like
                          like wires
between the city of No
                        and the city of Yes!

1964

Translated by Tina Tupikina-Glaessner,
Geoffrey Dutton, and Igor Mezhakoff-Koryakin (Revised)

И, журча, как года, чуть лепечет вода:
«Да-да-да...
        Да-да-да...
                Да-да-да...»
Только скучно, по правде сказать, иногда,
что дается мне столько почти без труда
в разноцветно светящемся городе Да...
Пусть уж лучше мечусь
                        до конца моих лет
между городом Да
                и городом Нет!
Пусть уж нервы натянуты,
                        как провода,
между городом Нет
                и городом Да!

1964

LAMENT FOR A BROTHER

To V. Shchukin

With blood still dripping from its
                  warm and sticky beak,
its neck dangling over a bucket's edge,
a goose lies rocking in a boat,
                 like an ingot
of slightly tarnished silver.
There had been two of them flying above the river Vilyui.
The first had been brought down in flight
                 while the other,
gliding low,
        risking his neck,
hovers over the boat,
            cries over the forest:
"My dove-gray brother,
          we came into the world
clamorously breaking through our shells,
but every morning
         Mother and Father
fed you first,
       when it might have been me.
My dove-gray brother,
         you had this blue tinge,
teasing the sky with a bold similarity.
I was darker,
       and the females desired
you more,
      when it might have been me.
My dove-gray brother,
         without fear for the return,
you and I flew away, over the seas,
but obnoxious geese from other lands surrounded
you first,
      when it might have been me.

ПЛАЧ ПО БРАТУ

В.Щукину

С кровью из клюва,
                    тепел и липок,
шеей мотая по краю ведра,
в лодке качается гусь,
                    будто слиток
чуть черноватого серебра.
Двое летели они вдоль Вилюя.
Первый уложен был влет,
                    а другой,
низко летя,
          головою рискуя,
кружит над лодкой,
                    кричит над тайгой:
«Сизый мой брат,
                    появились мы в мире,
громко свою скорлупу проломя,
но по утрам
          тебя первым кормили
мать и отец,
          а могли бы — меня.
Сизый мой брат,
                    ты был чуточку синий,
небо похожестью дерзкой дразня.
Я был темней,
          и любили гусыни
больше — тебя,
          а могли бы — меня.
Сизый мой брат,
                    возвращаться не труся,
мы улетели с тобой за моря,
но обступали заморские гуси
первым — тебя,
          а могли бы — меня.

My dove-gray brother,
we were beaten and bowed.
Together we were lashed by the tempests,
but for some reason the water slid
more easily off *your* goose's back
when it might have been mine.
My dove-gray brother,
we frayed out feathers.
People will eat both of us by the fireside —
perhaps because
the struggle to be first
devoured you,
consumed me.
My dove-gray brother,
half our lives was a pecking match,
not treasuring our brotherhood, our wings, and our souls.
Was reliance really impossible —
I on you,
and you on me?
My dove-gray brother,
I beg at least for a pellet,
curbing my envy too late;
but for my punishment people killed
you first,
when it might have been me..."

1974

Translated by Arthur Boyars and Simon Franklin

Сизый мой брат,
                мы и биты, и гнуты,
вместе нас ливни хлестали хлестьмя,
только сходила вода почему-то
легче с тебя,
                а могла бы — с меня.
Сизый мой брат,
                истрепали мы перья.
Люди съедят нас двоих у огня
не потому ль,
                что стремленье быть первым
ело тебя,
                пожирало меня?
Сизый мой брат,
                мы клевались полжизни,
братства, и крыльев, и душ не ценя.
Разве нельзя было нам положиться:
мне — на тебя,
                а тебе — на меня?
Сизый мой брат,
                я прошу хоть дробины,
зависть мою запоздало кляня,
но в наказанье мне люди убили
первым — тебя, а могли бы —
                меня...»

1974

SLEEP, MY BELOVED

The salty spray glistens on the fence.
The wicket gate is bolted tight.
                              And the sea,
smoking and heaving and scooping the dikes,
has sucked into itself the salty sun.
Sleep, my beloved...
                              don't torment my soul.
Already the mountains and the steppes are falling asleep,
and our lame dog,
                              shaggy and sleepy,
lies down and licks his salty chain.
And the branches are murmuring
                              and the waves are trampling
and the dog and his day
                              are on the chain,
and I say to you, whispering
                              and then half whispering
and then quite silently,
                              "Sleep, my beloved..."
Sleep, my beloved...
                              Forget that we quarreled.
Imagine —
            we are waking.
                              Everything is new.
We are lying in the hay,
                              we sleepyheads.
                              Part of the dream
is the scent of sour cream, from somewhere below,
                              from the cellar.
Oh, how can I make you imagine all this,
you, so mistrustful?
                              Sleep, my beloved...
Smile in your dream.
                              Put away your tears.
Go and gather flowers
                              and wonder where to put them,
burying your face in them.

122

ЛЮБИМАЯ, СПИ...

Соленые брызги блестят на заборе.
Калитка уже на запоре.
                         И море,
дымясь, и вздымаясь, и дамбы долбя,
соленое солнце всосало в себя.
Любимая, спи...
                    Мою душу не мучай.
Уже засыпают и горы, и степь.
И пес наш хромучий,
                      лохмато-дремучий,
ложится и лижет соленую цепь.
И море — всем топотом,
                         и ветви — всем ропотом,
и всем своим опытом —
                         пес на цепи,
а я тебе — шепотом,
                      потом — полушепотом,
потом — уже молча:
                    «Любимая, спи...»
Любимая, спи...
                    Позабудь, что мы в ссоре.
Представь:
             просыпаемся.
                             Свежесть во всем.
Мы в сене.
             Мы сони.
                         И дышит мацони
откуда-то снизу, из погреба, — в сон.
О, как мне заставить все это представить
тебя, недоверу?
                    Любимая, спи...
Во сне улыбайся
                    (все слезы оставить!),
цветы собирай
                    и гадай, где поставить,
и множество платьев красивых купи.

Are you muttering?
                    Tired, perhaps, of tossing?
Muffle yourself up in your dream
                    and wrap yourself in it.
In your dream you can do whatever you want to,
all that
          we mutter about
                    if we don't sleep.
It's reckless not to sleep,
                    it's even a crime.
All
     that is latent
                    cries out from the depths.
It is difficult for your eyes.
                         So much crowded in them.
It will be easier for them under closed eyelids.
Sleep, my beloved...
                    What is it that's making you sleepless?
Is it the roaring sea?
                    The begging of the trees?
Evil forebodings?
                    Someone's dishonesty?"
And maybe, not someone's,
                    but simply my own?
Sleep, my beloved...
                    Nothing can be done about it.
But no,
          I am innocent of that accusation.
Forgive me — do you hear!
                    Love me — do you hear!
Even if in your dream!
                    Even if in your dream!
Sleep, my beloved...
                    We are on the earth,
flying savagely along,
                    threatening to explode,
and we have to embrace
                    so we won't fall down,
and if we do fall —
                    we shall fall together.

Бормочется?

        Видно, устала ворочаться?

Ты в сон завернись и окутайся им.

Во сне можно делать все то,

                что захочется,

все то,

      что бормочется,

            если не спим.

Не спать безрассудно

          и даже подсудно, —

ведь все,

       что подспудно,

             кричит в глубине.

Глазам твоим трудно.

          В них так многолюдно.

Под веками легче им будет во сне.

Любимая, спи...

        Что причина бессонницы?

Ревущее море?

         Деревьев мольба?

Дурные предчувствия?

          Чья-то бессовестность?

А может, не чья-то,

        а просто моя?

Любимая, спи...

        Ничего не попишешь,

но знай,

      что невинен я в этой вине.

Прости меня — слышишь? —

         люби меня — слышишь? —

хотя бы во сне,

      хотя бы во сне!

Любимая, спи...

      Мы на шаре земном,

свирепо летящем,

       грозящем взорваться, —

и надо обняться,

       чтоб вниз не сорваться,

а если сорваться —

        сорваться вдвоем.

Sleep, me beloved...
                    don't nurse a grudge.
Let dreams settle softly in your eyes.
It's so difficult to fall asleep on this earth!
And yet —
          Do you hear, beloved?
                              Sleep.
And the branches are murmuring
                    and the waves are trampling
and the dog and his day
                    are on the chain,
and I say to you, whispering
                    and then half whispering
and then quite silently,
          "Sleep, my beloved..."

1964

*Translated by Geoffrey Dutton with
Tina Tupikina-Glaessner*

FINAL HOUR

Is it really the final hour
of the all — world tower of Babylon?
It's not frightening that we won't be.
It's frightening that nothing could be saved.

Will a single receipt from the Housing Board,
really twist in the cosmos,
rustling, like the soul
of the last vanished man?

Translated by Albert Todd

126

Любимая, спи...
            Ты обид не копи.
Пусть соники тихо в глаза заселяются.
Так тяжко на шаре земном засыпается,
и все-таки —
            слышишь, любимая? —
                        спи...
И море — всем топотом,
                  и ветви — всем ропотом,
и всем своим опытом —
            пес на цепи,
и я тебе — шепотом,
            потом — полушепотом,
потом — уже молча:
            «Любимая, спи...»

1964

ПОСЛЕДНИЙ ЧАС

Неужто есть последний час
последней вавилонской башни?
Не страшно, что не будет нас.
что ничего не будет — страшно.

Неужто будет, как душа
исчезнувшего человека
кружиться в воздухе, шурша,
одна квитанция из ЖЭКа?

ALMOST A KISS

And there wasn't a kiss,
but just almost a kiss,
a long time ago in what had been my youth,
by what had been our sea,
on the night's bluish sand
still warm from the day's sun,
and not even the lips themselves,
but only the outer flesh of the lips
touched one another for an instant,
and a dropped cigarette
with scarcely a woman's bite
flickered, like a fire-fly
by her small tan foot.

And there was almost an embrace,
but, unexpectedly flinching,
my hand suddenly stumbled
upon the damp pit of a cherry,
stuck to her spine,
and it seemed to me
to be a warning from nature
that I don't have the right
to turn into love — and merely that —
something that is stronger than love.

And the best woman in the world —
smoker, clever girl, sometimes silly girl
mother, grandmother, bookworm,
benefactress of widows, of dissidents
and literary nestlings,
my very severe reader
and my very great friend —
avoiding my face with her face
and moving aside with her whole body,
having accepted to make the decision herself,

ПОЧТИ ПОЦЕЛУЙ

И не было поцелуя,
а только почти поцелуй,
давно, в моей юности бывшей,
у бывшего нашего моря,
на теплом от солнца дневного
ночном синеватом песке,
и даже не сами губы,
а лишь на губах шелушинки
друг друга коснулись на миг,
и выроненная папироса
с почти что не женским прикусом
мерцала, как «цицинателла»,
у маленьких смуглых ступней.

И было почти объятье,
но, неожиданно вздрогнув,
рука моя вдруг наткнулась
на влажную косточку вишни,
прилипшую к позвонку,
и это мне показалось
предупрежденьем природы,
что я не имею права
в любовь превращать — и только —
то, что сильнее любви.

И лучшая женщина мира —
курильщица, умница, живчик,
мать, бабушка, книгоедка,
кормилица вдов, диссидентов
и литературных птенцов,
мой самый великий читатель
и самый великий мой друг —
лицом от лица уклоняясь
и отодвигаясь всем телом,
решенье приняв на себя,

said to me loudly, but quietly,
said to me harshly, but gently:
"And, you know, it's already late…,"
and these words pushed away
from the outer flesh of her lips to the sand
my late, almost a kiss.

Indeed, it was late.
We knew each other — too much.
We were family friends — too much.
We loved each other too much —
so much, that this
was neither friendship, nor love,
neither feminine, nor masculine,
but something other, that's bigger,
than man or woman,
and bigger than this bigger —
most likely, there is nothing.

Always we spoke politely.
Familiarity with us just simply didn't come out,
and the cherry tree did not grow
out of a pit in the sand.
But something grows out of us —
we all have grown a friend from a friend,
and new generations
nibble their way through us.

I miss you, as life,
and life is missing all of us.
I come to you at your grave,
even when I do not come.
Don't you dream about the Black Sea?
I am still there, on the border
of charming affectionate formality,
and in the old fashion I dig
into the damp beach shore
the bottle of homemade wine,
as if a transparent boundary post
and it smells of wild strawberries,

сказала мне громко, но тихо,
сказала мне резко, но мягко:
«А, знаете, уже поздно...»,
и эти слова столкнули
с ее шелушинок на землю
мой поздний — почти поцелуй.

Действительно, было поздно.
Мы слишком друг друга знали.
Мы слишком дружили домами.
Мы слишком любили друг друга —
настолько слишком, что это
ни дружба была, ни любовь,
ни женская, ни мужская,
а нечто другое, что больше,
чем женщина и мужчина,
а больше этого больше,
наверное, нет ничего.

Всегда мы на «Вы» говорили.
На «ты» у нас так и не вышло,
и так и не выросла вишня
из косточки на песке.
Но что-то из нас вырастает —
мы выросли все друг из друга,
и новые поколенья
проклевываются в нас.

Мне вас не хватает, как жизни,
а жизни нас всех не хватает.
Я к вам прихожу на могилу,
когда и не прихожу.
Вам Черное море не снится?
Я все еще там, на границе
пленительно нежного «Вы»,
и вкапываю по старинке,
как столб пограничный прозрачный,
во влажный тот берег пляжный
бутылку с гульрипшским вином,
и пахнет оно земляникой,

and life, by chance, great,
and, maybe, even because,
we had our own secrets,
which weren't by chance,
like the secret of an almost kiss,
and a nameless feeling,
stronger than just love.

July 1, 1996

Translated by Catherine Dalton

MONUMENT TO ME

I dislike future monument to me
If they will push it into some dark, deserted, stinking street
Somewhere in the 4th world crippled Russia,
Where they imperially pound their left first and
Try to beggarly hide with their right hand
In their pockets full of holes
The last domesticated animal — lice on the lasso.

I dislike future monument to me,
Even if they will put it in the rusty, metal garden,
Where our Russian giant bananas are only bent, rotten missiles.

I don't need any monuments.
I need only my motherland returned to me.

Translated with author Holly Jones

и жизнью, случайно великой,
а, может быть, и оттого,
что были у нас наши тайны,
которые не случайны,
как тайна почти поцелуя
и безымянного чувства,
сильнее, чем только любовь.

1 июля 1996, Дэльрэй

МОЙ ПАМЯТНИК

Мне не нравится будущий памятник мне,
тот, что где-то приткнут в третье-мирной стране,
где великодержавно стучат кулаком,
пряча вошь на аркане в кармане тайком,
где бананы загнувшихся сгнивших ракет —
Вот и все наши фрукты — антоновок нет.
Мне не памятник нужен,
а только нужна
возвращенная мне после смерти страна.

JUST BARELY

Just barely you are a heavy cross on my shoulders,

Just barely you are weightless, little cross on my breast.

Just barely you believe me,
                    But even barely, please, don't leave me;
Tease me, please, only barely,
                    just barely deceive me from time to time.

Just barely fall in love with someone,
                            just barely cuddle,
                                    just barely...

just barely stay awhile,
                    just barely forget,
just barely offend,
                repent, just barely,
just barely depart,
                just barely return.

Just barely weep...
                no longer than love,
                            just barely;
just barely embrace
                with all your childish grace,
but fall out of love just barely —
                    not more!
just...
        just...
            just barely...

Translated by author and A.Todd with Jeffrey Longacre

ЧУТЬ-ЧУТЬ

Чуть-чуть мой крест,
                    чуть-чуть мой крестик,
Ты не на шее, —
                    ты внутри.
Чуть-чуть умри,
                    чуть-чуть воскресни,
потом опять чуть-чуть умри.
Чуть-чуть влюбись,
                    чуть приласкайся,
чуть-чуть побудь,
                    чуть-чуть забудь
чуть-чуть обидь,
                    чуть-чуть раскайся,
чуть-чуть уйди,
                    вернись чуть-чуть.
Чуть-чуть поплачь —
                    любви не дольше,
как шелуха, слети с губы,
но разлюби —
                    чуть-чуть, не больше!
И хоть чуть-чуть не разлюби.

IN THE HOSPITAL

1

I have died, not completely, but almost.
I don't feel sufferings anymore.
and my doctors read in my eyes
something frighteningly distant.

How do I stretch my life-at least twenty years —
for the luxury of sinless sinfulness...
But in my eyes already protrude
the superiority of the calm alienness.

2

I am surviving, surviving,
but I don't live.
I am reviving, reviving.
But-if' I'll die, if?

Am I my own traitor, my own rival?
I am exhausted in the endless strife
between the two-faced word — "survival"
and the borderless word — "life".

3

I am like an ambiguous river,
running in two directions river.
I am trying to talk with God, to discuss.
I am afraid that if God himself is a believer,
he is not offended, — he bored by us.

Written in English

136

LA CORRIDA

A Poem

The only thing I regret
is that it is not feasible to mount
machine guns on the horns of bulls...
                    V. Mayakovsky

Seville is littered with earrings,
                    littered with lilacs
and on the lilacs Senoritas
                    are brought
                              to the arena,
and the stands are washed away
                    by a foamy flood of sweat.
Along the little white petals —
                    the pitter-patter! —
                              of baby shoes,
the rittle-rattle! —
          of a wheelchair.
Everyone is tipsy from the bullfight's air!

And if someone is rude, —
                    don't worry! —
Even priests today are in a hurry.
Senor archbishop,
          lift your long gown —
la corrida is in our town!

The lilacs cast the city into a fervor
                    with their sweetly stupefying smoke.
Even the monuments in their granite trousers
are feeling
          the almost forgotten erection.
Congratulations on this rare collection!

Who could be sober today?
You could justify any wild deed,
by the splash and crack
of the starched skirts,
and from under those skirts,
from its snow-white bush of lace
are hundreds of would-be sins jumping
with the smell of lilacs —
those sweet stinkers
driving men crazy...
Nobody today is lazy!

Squeezed by the crowd, look closely,
and suspect:
their nostrils are not trembling,
not flaring from the lilacs alone.

Then it tears through the musty darkness,
only the shocking smell of fresh blood,
the smell of murder.

Rush from bank notes
or anecdotes
from siesta,
or fiesta,
but if you plop down, —
la corrida is in our town!

Use your elbows,
swim through the crowd, like a fish.
With the smell of the lilacs
your head spins,
like after hashish.
Are you gliding on something soft?
That's life.
Someone is below.
Someone is aloft.
Trample!
Don't worry!
The event is renown.

It's la corrida in our town!

Resurrected Carmen is laughing again —
                    it makes all the petals in a flurry.
Who fell — the toreador or the bull?
                    Don't worry!
An American tourist is in a bit of a frown.
His wallet was stolen.
                    Pardon, Mr. Brown!
La corrida is in our town!
                    ✛
          "I'm a bull".
Would you like it if I became a blend of wool and malice?
          I was
the kindest calf, looking starry-eyed at the world.
          Beloved grass,
forgive me, I became different, when they separated you and me.
          Tormenting,
the banderilleros stab me from one side, then from the other.
          The Toreador
teases my horns with his scarlet rag — it is a tricky challenge.

          If I lick
his cheek forgivingly? Maybe, he'll cast aside his sword...
          My face,
like the face of his death, the poor devil is seeing double.
          He's a bull,
just as I, but he is afraid to understand it, the fool".
                    ✛

"We are banderillas,
                    pink twins".
Bull, let's play
          a joyful childish game of tag.
Do you want a little bit of grass,
                    a tender shadow of a weeping willow?
And just for a nice beginning
          don't you want us both to get into your withers?
Bulls, you spoiled creatures...
                    Do you want your hay from a silver spoon?!

139

Forget that bullshit!
                    Show a little more malice!
Are you longing for mint
                    and bluebells?
We, like rosy arrows, will stab you
                              in your shaggy wool!
You want to be a bird
                    with your nest on a fluffy cloud?
We,
      like twin syringes,
                    shoot you —
                              almost painlessly.
We stab,
        stab,
              and surprisingly you're still not a beast?
You are too melancholic —
                    it is not a good show.
Show your tenderness to your enemies
                              only with your horns!
Only hatred —
              not love! —
                    is human!
                         +

          "I am the picador's horse".
          I'm in the dark in the sweltering sun.
          There's no worse condemnation —
          than blinders on the eyes.

          I am obedient to the reins,
          always on the brakes.
          This is my service —
          with blinders on the eyes.

          My master raises his lance.
          It's heavy for him to lift.
          But how to stop this torment
          with blinders on the eyes?

I hear in a mob's howling
the groans of the bull.
Dear compatriots, you are murderers —
with blinders on your eyes.

And how soon
        will you, people,
throw your masters from VIP seats into dust?
You — public,
        are the picador's horse —
with blinders on the eyes.
           ✦

"I am the public,
        public,
             public.
I always watch and chew something.
I swear on the Bible:
        I don't drink blood —
I only taste it with my eyes.
To kill by myself —
        that's filthy job.

I drove the rusty nails into the palms of Christ
not with a hammer —
        with my hammering eyes.
I did not soil my hands with murder,
I drove the gladiator's sword
into his rival's breast
with my distantly downcast finger.

I am the public.
        I am produced by the shows,
and the shows are produced by me.
I generously throw money around.
I myself dislike to fight —
        it's too dangerous.

Toreadores of the world,
    wave your flags,
Nations and armies,
     butt each other like bulls,
and I will cheer you from the safety of my seats!

Banners provoke more bullfights than red muletas.
Hey sister-missiles,
play that joyful tag with our globe,
like pink banderillas!

What a kind of corrida will we see —
if not even a tiny button will survive!

I am the public,
    public,
     public.
Pity that you will completely lose me,
      and you'll have no one
to savor the end of this beautiful show.

     ✦

  "We are not murderers,
     not victims,
  we are neither cowards,
     nor brave people,
  we are neither men,
    nor women —
  we are modest salesmen of splendors,
  we are the vendors,
     we are the vendors".

While the bull's horns fight not to die;
by the bloody sand we cry:

"He who tastes this choice ice-cream
will be blessed
    by the sweetest dream!"

"Why so slim,
                    Sir Gandhi?
He was buying slimming candy!"

"Who is going to volunteer
to dive into the coolest beer?"

After the show people scatter.
Who was killed for us doesn't matter.
We are observing,
                    as from the heights,
revolutions,
                    wars,
                              bullfights.
All these fights are fender-benders.
"We are the vendors,
                    we are the wendors!"

                    ✦

"I am the toreador".
I am taken into the homes of countesses,
                              even bishops.

                    All taverns
proudly slap my picture on their smoke-stained walls.
                    Only somewhere
in a lonely peasant hut, surrounded by wormwood,
                    is my portrait missing,
the door is closed to me there, — this is my mother's house.
                    Her view is crystal-clear
like a mountain spring. Bitterly her eyes say to me:
                    "You are a peasant".
You are obliged to return to the neglected earth.
                    You have forgotten yourself.
You betrayed your plow, and the fields are voiceless
                    without you.
                    You are a murderer
of those bulls, who licked the soft-spot on your baby head.
                    ✦

"I am a toreador".
I can't free myself, mama. I can't live without danger.
          The curse of the arena:
Someone who killed, should kill again by obligation.
          How could I return
to my childhood? Can any prayers help me?
          Flowers, they
ostracize me — I can't wash the blood off my hands...
          As my enemies,
Bulls sullenly watch me plowing without their blessing
          and with their horns
they'll take revenge for their brothers, slaughtered by me.
          When I'm an old-timer,
It will be grim; without a hint of glory.
          What will remain?
To dedicate my bullfight — but to whom?
          Out of despair — to the Balcony of Presidents?
                    ✝

Toreador, my son,
          I am too old for bull-fights.
I am an ex — torero,
          stripped of my suit of lights.
Look at my two rows of
cheap metal teeth —
do you like this gift of the bulls?
Torero, my son,
          be yourself.
You may lose your teeth —
          not your dignity.
Do not dedicate your corrida,
          my son,
to the Balcony of the Presidents...

Do you see that girl —
          faraway,
                    in the crowd?
Her dark eyes are huge and intense,
like the ears of the boldest,
          most beautiful of bull..

144

Dedicate your corrida to her,
                        my son!
Dedicate your courage,
                        if not to her,
to that legless old Vet,
                        chopped by butchers of war,
like a piece of meat...
His wheelchair — that's his seat.
Who are they?
                Nothing,
                        Nobody,
                                just dust.
Be careful with your careless "just".
If your soul,
            my son,
                    flies to the sky,
both of them will cry
                    and together with them even I...
Do you think —
                like us,
those official mugs,
                    will sincerely cry,
                            high on power, on drugs,
in the Balcony of the Presidents?

You are not like those,
                    who are looking from golden frames.
Just a simple pawn in their bloody games.
When the bull's horn gores you,
                        and your wound is deep,
A sleazy grin will slowly slip
across their slimy cheeks.

You will die.
                Everything is over.
                            No traces.
And one of them,
                finishing this tragic play
will wrinkle squeamishly:
                        "Take it away..."

Who are they on the balcony?
                              Who is that someone?.
You'll be taken away.
                    That's la corrida, my son...

Toreador, my son, be yourself —
you may lose your teeth —
                         not your dignity.
Do not dedicate your corrida,
                         my son,
to the Balcony of the Presidents...
                    ✚

          "I am sand".
a golden cheater at the service of the bloody corrida.
          My disgrace
is that traces of crime are elegantly covered up by me.
          To erase
someone's blood-are the rules of the show.
          The cover up
of criminal tracks — it's groundwork for other crimes.
          You, frantic-romantic,
stop admiring the arena-they've conned you,
          like a dim-wit.

Blood, stick to the arena
like indelible brown scabs-to the fake neatnik!"
                    ✚

Don't worry, dear sand,
                    if you are bloodied too much.
We, brooms and rakes,
                    your obedient servants,
so cleanly, so smoothly
                    we'll comb you in time,
so you'll look innocent
                    of any crime.
Licked clean,
          criminally serene...

If you are too hot,
                should we spray you with a cool beer?
What's the problem here?

Why remind the people
                of their own blood?
                Let them be humble on their tiptoes.
We've already finished the show.
And the ancient wisdom advises
                        to cover up any inkling
of the innocent blood —
                with the sprinkling,
                                the sprinkling..."

                        ✝

"I am blood".
                I danced on the streets —
                        on the veins of Seville's gypsy face
beating from inside the skin of bulls,
                        like a tambourine.
They allowed me to dance on the sand
                        under fierce public torture.
I beat a gusher —
                again I danced,
                        again I woke people's curiosity.

But if the gypsy doesn't dance,
                        then this gypsy is not real.
I am unpleasant to you,
                if I don't splash like a fountain,
                        if I dry up.
Thank you for your attention, brooms and rakes
you're so soft-hearted,
                I was — and now am not.
Now not even one drop in the arena.
The old blood,
                like the dead old gypsy,
will be scraped from the road,
waiting for new,
                young, dancing blood.

I am sand.
In our magical country all newspapers
                              are like brooms and rakes.
I am a piece of the mantilla,
          under whose golden brocade is hidden
                              a horrifying truth.
Are you a poet?
It pulls at you to write beautifully-doesn't it?
But believe,
              that beauty, covering up blood, —
                    it's the complicity of the show.
How clean am I,
          How pleasing am I to the government's eye!
I am suffocating from unexpressed pain.
                        Don't learn
the tricks of my pretty role, combed by the rakes..".
                    ✦

"I am a poet —
            or rather,
                    I want to be a poet".
I want to follow only the greats
          and to live, like those uncompromising geniuses:
not to smear blood,
              but to teach from the textbooks of blood.
Only from cruel truth,
                goodness has a right to be taught.
How many years will the balconies shine,
                    waving white handkerchiefs!
How many years
              will this lynch-mob law continue?
And the runners of Russian sleighs
                    grinding on the arena of Seville:
carrying the body of the murdered Pushkin
                    from the world-wide corrida.
How many years
          will they tidy up the arena so slyly and cunningly —
that not a thing can be said against it!

I know
        the price of the image,
                the price of the sound,
Blood appears as a canker between the lines.
I knew all your different faces,
                my dear censorship.
Your new hypocritical long rakes,
                censorship of indifference,
are combing my thoughts,
                like sand after la corrida.
Is blood on paper unpleasant to you?
                But is life, torn by wounds, more pleasant?
Why do you want to erase blood
                from poems, and novels?
It is necessary to erase it forever
                from life!
The world is tired of blood.
        The world doesn't trust the cleaning of the sand.
Blood is on every grain of the arena.

Dots of blood...
        Then-sequels...
                Where's the end?!
Enough of these senseless sacrifices!
                Enough of these corridas!
What can I do,
        so the public would be struck dumb
and see the blood on their hands,
                not just in the distance?

Do you need my blood?!
                If it's necessary,
                        I'm ready to die, like the toreador,
if it's necessary, —
        like his victim,
                to end, forever the blood on the golden sand.

Translated by Author with Catherine Dalton

КОРРИДА

«Единственное, о чем я жалел,
это о том, что нельзя установить
на бычьих рогах пулеметов»
                                        В.Маяковский

Севилья серьгами сорит,
                            сорит сиренью
и по сирени сеньорит
                            несет к арене,
и пота пенистый потоп смывает тумбы.
По белым звездочкам —
                            топ-топ! —
                                        малютки-туфли,
по белым звездочкам —
                            хруп-хруп! —
                                        коляска инвалида,
а если кто сегодня груб —
                            плевать! —
                                        коррида!
Сирень бросает город в раж
                            дурманным дымом,
штаны у памятников аж
                            вздымая дыбом.
Кто может быть сегодня трезв?
                            Любой поступок
Оправдан вами,
                            плеск и треск
                                        крахмальных юбок
а из-под юбок,
                            мир круша,
                                        срывая нервы,
сиренью лезут кружева,
                            сиренью, стервы..
Но приглядись, толпою сжат,
                            и заподозри;
так от сирени не дрожат,
                            вздуваясь, ноздри.

150

Так продирает, словно шок,

                в потемках затхлых

лишь свежей крови запашок,

                    убийства запах.

Бегом-от банковских бумаг,

                и от корыта,

а если шлепнешься врастяг,

                  плевать! —

                        коррида!

Локтями действуй и плыви

                в толпе, как рыба.

Скользишь по мягкому?

            Дави!

                Плевать! —

                        коррида!

Смеется, кровь не разлюбив,

                Кармен карминно.

Кто пал — торреро или бык?

Плевать! —

        коррида.

                    ✦

«Я бык.

Хотели бы вы, чтобы стал я громадой из шерсти и злобы?

Я был

добрейшим теленком, глядящим на мир звездолобо.

Трава,

прости мне, что стал я другим, что меня от тебя отделили.

Травя,

вонзают в меня то с одной, то с другой стороны бандерильи.

Мазнуть

рогами по алой мулете торреро униженно просит.

Лизнуть

прощающе в щеку? Быть может, он шпагу отбросит?

Мой лик,

как лик его смерти, в глазах у бедняги двоится.

Он — бык,

такой же, как я, но понять это, дурень, боится..»

                    ✦

«Мы-бандерильи,
                    двойняшки розовые.
Бык, поиграем
                    в пятнашки радостные?
Ты хочешь травочки,
                    пахучих ивочек?
А для затравочки
                    не хошь-в загривочек?
Быки, вы типчики..
                    Вам сена с ложечки?
Забудь загибчики!
                    Побольше злобочки!
Ты бредишь мятою
                    и колокольчиками?
Мы в шерсть лохматую
                    тебя-укольчиками!
По нраву птицы
                    и небо в ясности?
Мы, словно шприцы,
                    подбавим ярости.
Мы переделаем
                    В момент без хлыстика
тебя,
        абстрактного гуманистика!
Мы колем, колем,
                    а ты не зверь еще?
Быть малахольным —
                    Дурное зрелище.
Учись рогами
                    с врагами нежничать.
Гуманна ненависть
                    и только ненависть!»
                    ✦

«Я — лошадь пикадора.
При солнце я впотьмах.
Нет хуже приговора —
нашлепки на глазах.

Поводьям я послушна.
Всегда на тормозах.
Такая моя служба —
нашлепки на глазах.

Хозяин поднял пику.
Тяжел его замах.
Но как сорвать мне пытку?
Нашлепки на глазах.

Я слышу стоны бычьи
В ревущих голосах.
Вы, в сущности, убийцы —
нашлепки на глазах.

А ты, народ, как скоро
хозяев сбросишь в прах?
Ты-лошадь пикадора.
Нашлепки на глазах».

✦

Я публика,
      публика,
            публика.
Смотрю и чего-то жую.
Я разве какое-то пугало?
Я крови, ей-богу, не пью.
Самой убивать —
              это слякотно,
и я, оставаясь чиста,
глазами вбивала по шляпочки
гвоздочки
            в ладони Христа.
Я руки убийством не пачкала —
лишь издали —
              не упрекнуть! —
вбивала опущенным пальчиком
мечи гладиаторам в грудь.
Я поросль,
        на крови созревшая,

и запах ее —
                    мне родной.
Я, публика, создана зрелищами
и зрелища созданы мной.
Я щедро швыряюсь деньжонками.
Мне драться самой не с руки.
Махайте, народы, шпажонками,
бодайтесь бодрее, быки!
Бодайтесь, народы и армии!
Знамена-зазывней мулет.
Сыграйте в пятнашечки алые
с землей, бандерильи ракет!
Вот будет коррида —
                    ни пуговки
на шаре земном! —
                    благодать!
Да жаль не останется публики,
чтоб зрелище посмаковать!»

✦

«Мы не убийцы
                    и не жертвочки,
не трусы мы,
                    не храбрецы.
Мы не мужчины и не женщины —
мы продавцы,
                    мы продавцы.
За жизнь дерутся бычьи рожечки,
а у кровавого песка:
«Кому конфетки,
                    бутербродики?
Кому холодного пивка?»
«Тореро, мальчик, я старик.
Я сам-тореро бывший.
Взгляни на ряд зубов стальных.
Хорош отдарок бычий?

Тореро, мальчик, будь собой —
ведь честь всего дороже.
Не посвящай, тореро, бой
правительственной ложе.

Вон там одна.. Из под платка
глядят глазищи — с виду
два уха черные быка...
Ей посвяти корриду!

Доверься сердцу-не уму.
Ты посвяти корриду
не ей, положим, а тому
обрубку-инвалиду.

Они, конечно, ни шиша
общественно не значат,
но отлетит твоя душа —
они пор ней заплачут.
Заплачут так, по доброте,
не надолго, а все же...
Заплачут-думаешь-вон те
в правительственной ложе?

Кто ты для них? Отнюдь не Бог —
в игре простая пешка.
Когда тебя пропорет рог
по ним пройдет усмешка.

И кто-то-как там его звать? —
одно из рыл, как рыло,
брезгливо сморщится: «Убрать!»,
и уберут.. Коррида!

Тореро, мальчик, будь собой —
ведь честь всего дороже.
Не посвящай, тореро, бой
правительственной ложе...

✦

Я — песок,
золотистый обманщик на службе кровавой корриды.
Мой позор
в том, что мною следы преступлений изящно прикрыты.

Забывать
чью-то кровь-если мигом подчищена-это закон представлений.
Заметать
преступлений следы-подготовка других преступлений.
Перестань
Любоваться ареной, романтик, — тебя как придурка, надули!
Кровь, пристань
Несмываемой бурой коростой к арене —

                                  фальшивой чистюле!»

       «А мы, метелки-грабельки,
       тебя причешем в срок,
       чтоб чистенько,
               чтоб гладенько
       ты выглядел,
              песок.
       Будь вылизанный, ровненький.
       Что тут не понимать!
       Зачем народу,
              родненький,
       про кровь напоминать?
       Ты будь смиренной цыпочкой
       и нам не прекословь.
       Присыпочкой,
              Присыпочкой
       на кровь,
           на кровь,
              на кровь!»

             ✦

«Я кровь.
Я плясала по улицам жил
               смуглолицей цыганкой севильской
и в кожу быков изнутри колотила,
                как в бубен всесильный.
Пускали меня на песок всенародно,
            под лютою пыткой.

Я била фонтаном —
        я снова плясала
               и людям была любопытной.
Но если цыганка не пляшет,
           то это цыганка плохая.
Я вам неприятна,
        когда я фонтаном не бью —
                засыхаю?
Спасибо за ваше вниманье,
        вы так сердобольны, метелки и грабельки.
Была я — и нету.
        Теперь на арене — ни капельки.
Вы старую кровь,
        как старуху,
             безмолвно лежащую в свисте и реве,
убрали с дороги для новой, —
            для пляшущей крови.
Логика у вас замечательная.
           Логика у вас заметательная...»

✦

«Я-песок.
В нашей чудной стране все газеты, журналы,
               как метлы и грабли.
Я кусок
        покрывала, под чьею парчой золотою —
             засохшая страшная правда.
Ты поэт?
        Тебя тянет писать отрешенно, красиво, не так ли?
Но поверь,
        что красивость, прикрывшая кровь,
            соучастие в грязном спектакле.
Как я чист!
        Как ласкаю правительству взор,
            Ну а сам задыхаюсь от боли.
Не учись
        У меня моей подло навязанной граблями роли..»

✦

157

«Я поэт.
          Я вернее хочу быть поэтом,
                         Хочу — я не скрою —
на великих равняться
          и жить, как жестокие только к жестокости гении те —
не замазывать кровь,
                    а учить по учебнику крови —
может, это одно
               и научит людей доброте.
Сколько лет
          блещут ложи,
                         платочками белыми плещут!
Сколько лет продолжается
                    этот спектакль — самосуд!
И полозья российских саней
                    по севильской арене скрежещут:
тело Пушкина тайно
               с всемирной арены везут.
Знаю я —
          цену образа, цену мазка, цену звука.
Но — хочу не хочу —
               проступает наплывами кровь между строк.
А твои лицемерные длинные грабли,
                         фашистка-цензура,
мои мысли хотят причесать,
                    словно после корриды песок.
Неприятна вам кровь на бумаге?
                    А в жизни приятно, изранив,
мучить долго и больно,
               не зная при этом стыда.
Почему вы хотите вычеркивать кровь
                    из поэм, из романов?
Надо вычеркнуть прежде
               из жизни ее навсегда.
Мир от крови устал.
          Мир не верит искусной подчистке песочка.
Кровь на каждой песчинке,
          как шапка на воре горит.

Многоточия крови....
           Потом-продолженье..
                     Где точка?
Но довольно бессмысленных жертв!
                 Но довольно коррид!
Что я сделать могу,
          чтобы публика оторопела
и увидела кровь на руках,
            а не то, что вдали, на песке золотом?
Моя кровь ей нужна?
          Если надо — готов умереть, как тореро.
Если надо, — как жертва его,
          но чтоб не было крови вовеки потом.